Steding • So geben Sie Ihrem Unternehmen Profil

So geben Sie Ihrem Unternehmen Profil

Die Praxis ganzheitlicher Unternehmenskommunikation

von

Peter Steding

WRS VERLAG WIRTSCHAFT, RECHT UND STEUERN

Die Deutsche Bibliothek – CIP-Einheitsaufnahme

Steding, Peter:
So geben Sie Ihrem Unternehmen Profil : die Praxis ganzheitlicher Unternehmenskommunikation / von Peter Steding. – Planegg/München : WRS, Verl. Wirtschaft, Recht und Steuern, 1991
  (WRS-Reihe für den Chef)
  ISBN 3-8092-0803-5

ISBN 3-8092-0803-5   Bestell-Nr. 01.53

© 1991, WRS Verlag Wirtschaft, Recht und Steuern, GmbH & Co., Fachverlag, 8033 Planegg/München, Fraunhoferstraße 5, Postfach 13 63, Telefon (089) 8 95 17-0.

Alle Rechte, auch die des auszugsweisen Nachdrucks, der fotomechanischen Wiedergabe (einschließlich Mikrokopie) sowie der Auswertung durch Datenbanken oder ähnliche Einrichtungen, vorbehalten.

Satz: JP Himmer GmbH, Druck + Verlag, Völkstraße 1, 8900 Augsburg 1
Druck u. Verarbeitung: JP Himmer GmbH, Druck + Verlag, Völkstraße 1, 8900 Augsburg 1

Vorwort

Ihre Telefonistin bekommt Blumen von Kunden. Ihre Auslieferungsfahrer werden für vorbildliche Hilfeleistungen ausgezeichnet. Ihre Lieferanten sind Ihre besten Verkäufer. Die Architektenkammer veranstaltet Betriebsbesichtigungen bei Ihnen. Ihre Handbücher werden als Lehrmaterial verwendet. Ihr Wettbewerber bittet um Mitbenutzung Ihrer Kantine. Ihr Tagungshotel richtet eine kostenlose Weihnachtsfeier für Sie aus. Eine Großbank bittet Sie, Kunde zu werden. Die IHK möchte Ihre internen Lehrgänge ihren Mitgliedern anbieten. Forbes setzt Sie auf den Titel. Illusionen? Nein: Visionen. Sie beschreiben einen kleinen Auszug möglicher Reaktionen Ihres Marktes auf ganzheitliches Kommunikationsverhalten Ihrer Mitarbeiter. Voraussetzung ist lediglich, daß jeder Mitarbeiter in Ihrem Unternehmen sein Wissen über Ihre Ziele, Ihren Weg und Ihren Nutzen für Kunden, Lieferanten, Mitarbeiter, Kapitalgeber und für die Gesellschaft in Verhaltensweisen umsetzt.

Dieses Buch soll Ihnen helfen, besser zu verstehen, wieviele Formen und Verfahren zum Austausch von Informationen als Kommunikationsmaßnahmen anzusehen sind und welche Wirkung von ihnen ausgeht. Es soll die Möglichkeiten darstellen, die Identität und die Leistung Ihres Unternehmens auch außerhalb der klassischen Kommunikationsmedien zu vermitteln. Beispiele aus der Praxis und methodische Hilfsmittel sollen Sie bei der Umsetzung der Kommunikationspolitik Ihres Unternehmens unterstützen. Mit ganzheitlichem Kommunikationsverhalten entwickeln Sie Ihr Unternehmen zu einer abgerundeten Persönlichkeit, die vertrauensvoll mit ihrer Umwelt kommuniziert. So schaffen Sie sich den Wettbewerbsvorsprung, der Sie gelassen dem Wettbewerb der neunziger Jahre entgegenblicken läßt.

Lautertal, Juni 1991   *Peter Steding*

Referenz

Ich bedanke mich bei den Firmen:

- AEG
- Analog Devices
- Apple
- BASF
- Canon
- ITOS (CTM)
- GEI
- Hewlett Packard
- IBM
- Linotype
- Loewe
- Memorex-Telex
- NCR
- Panasonic
- Telenorma

Das von ihnen zur Verfügung gestellte Material über Formen und Verfahren interner und externer Kommunikation trug maßgeblich dazu bei, dieses Buch praxisorientiert zu gestalten. Besonders bedanke ich mich bei Dieter Walther für seine methodische und inhaltliche Unterstützung beim Komplex »Ganzheitliche Unternehmensführung«.

Peter Steding

Inhaltsverzeichnis

Seite

Vorwort 5
Referenz 6
Phantastische Geschichten 11

Kapitel 1   Einleitung

Ganzheitliche Marktkommunikation 15
Formen der Information 19
Menschliche Informationsverarbeitung 23

Kapitel 2   Zielorientierte Kommunikation

Die Methodik zur Ausrichtung 37
Empfehlungen zur Durchführung 38
Zielsetzung und Sollkonzeption 39
Die Bedeutung des Leitbildes 41
Nutzen, Ziele und Merkmale 42
Grundverhaltensweisen 43
Die Kommunikationsstrategie 44
Musterhaft vom Ziel zum Weg 46
Kommunikationsinhalte und Umsetzung 47
Die Bestandsaufnahme 49
Aktionsplan und Terminierung 50
Vermittlung und Implementierung 52
Pflege und Aktualisierung 53

Kapitel 3   Marktkommunikation in der Praxis

Schriftliche Kommunikation 59
    Formulare und Vordrucke 62
    Briefe 64
    Prospekte und Broschüren 66
    Technische Dokumentationen 69
    Angebote 71
    Presseinformationen 73

                                                                    Seite
Visuelle Kommunikation 76
   Haus und Empfang 77
   Arbeitsumgebung 79
   Kantineneinrichtung 81
   Messestand 83

Sprachliche Kommunikation 86
   Der Ton am Telefon 88
   Gespräche im Haus 90
   Der öffentliche Vortrag 93

Verhaltensweisen und Verfahren 96
   Arbeitsverträge 98
   Eingliederung neuer Mitarbeiter 100
   Betriebsfeiern 102
   Arbeitszeitregelungen 104
   Beurteilungssysteme 106
   Beteiligungsmodelle 109
   Aus- und Weiterbildung 111
   Verträge mit Marktpartnern 113

Kapitel 4	Werkzeuge zur Realisierung

Organisatorische Vorbereitungen 116
Hilfsmittel zur Bestandsaufnahme 116
Werkzeuge zur Prioritätsbildung 117
Methodik der Aktionsplanung 120
Vorgehensweise bei der Einführung 121
Verfahren zur Pflege 122

Kapitel 5	Checklisten und Fragen

Checklisteneinsatz 123
   Planung und Vorbereitung 123
   Bestandsaufnahme und Bewertung 124

Fragen zur Unternehmenskommunikation 125
   Fragen zum Leitbild und zum Grundnutzen 125

	Seite
Fragen zu den Unternehmenszielen	126
Fragen zu Merkmalen und Eigenschaften	127
Fragen zur Unternehmensstrategie	128
Fragen zur Kommunikationsstrategie	129

Checklisten und Fragen zum Schriftgut 131
    Checkliste zu Formularen 131
    Checkliste zu Dokumenten 132
    Checkliste zu Prospekten, Broschüren und Textanzeigen 133
    Fragen zu Formularen und Vordrucken 134
    Fragen zu Briefen 135
    Fragen zu Prospekten und Broschüren 136
    Fragen zu technischen Dokumentationen 137
    Fragen zu Angeboten 138
    Fragen zu Presseinformationen 139

Checkliste und Fragen zur Sprachkommunikation 140
    Checkliste zur Sprachkommunikation 140
    Fragen zum Ton am Telefon 141
    Fragen zum Gesprächsstil im Haus 142
    Fragen zum öffentlichen Vortrag 143

Checkliste und Fragen zur visuellen Kommunikation 144
    Checkliste zur visuellen Kommunikation 144
    Fragen zum Haus und zum Empfang 145
    Fragen zur Büroeinrichtung 146
    Fragen zur Kantine 147
    Fragen zum Messestand 148

Checkliste und Fragen zu Verfahren 149
    Checkliste zu Verhaltensweisen und Verfahren 149
    Fragen zum Arbeitsvertrag 150
    Fragen zur Eingliederung neuer Mitarbeiter 151
    Fragen zur Betriebsfeier 152
    Fragen zum Beurteilungssystem 153
    Fragen zur Aus- und Weiterbildung 154
    Fragen zum Partnervertrag 155

Literaturhinweise 157

Stichwortverzeichnis 159

Phantastische Geschichten

Samstagnacht um elf bleibt Ihr Auto auf der Rhön-Autobahn plötzlich stehen. Es regnet in Strömen. Die nächste Abfahrt ist zehn Kilometer entfernt, und die wenigen Autos, die vorbeikommen, fahren viel zu schnell. Plötzlich hält hinter Ihnen, ohne daß Sie gewinkt haben, ein Fahrzeug. Der Fahrer kommt zu Ihnen und bietet seine Hilfe an. Nach wenigen Minuten hat er ein abgerutschtes Kabel gefunden, es befestigt und Ihr Auto läuft wieder. Ihr Engel wünscht Ihnen gute Fahrt und verschwindet. Sie wollen sich bedanken und laufen hinterher, aber er fährt schon. Sie erkennen nur noch einen kleinen Aufkleber auf der Heckscheibe mit einem Firmennamen.

Vier Wochen später bewerten Sie die Angebote mehrerer Lieferanten, die sich nicht gravierend voneinander unterscheiden. Ein Firmenname kommt Ihnen bekannt vor. Sie erinnern sich an den nächtlichen Vorfall auf der Autobahn: Ihr Helfer war Mitarbeiter dieser Firma. Welche Einstellung haben Sie wohl zu dem Angebot dieser Firma?

Vorstellung Nummer 2: Sie stehen in Ihrer Bank am Schalter und hören, wie nebenan ein Mann fragt, ob auf seinem Konto immer noch keine Zahlung der Firma »Wollmaus« eingegangen ist. Die Bankangestellte verneint bedauernd. Im Weggehen schimpft der Mann leise vor sich hin: »Schon vier Wochen über

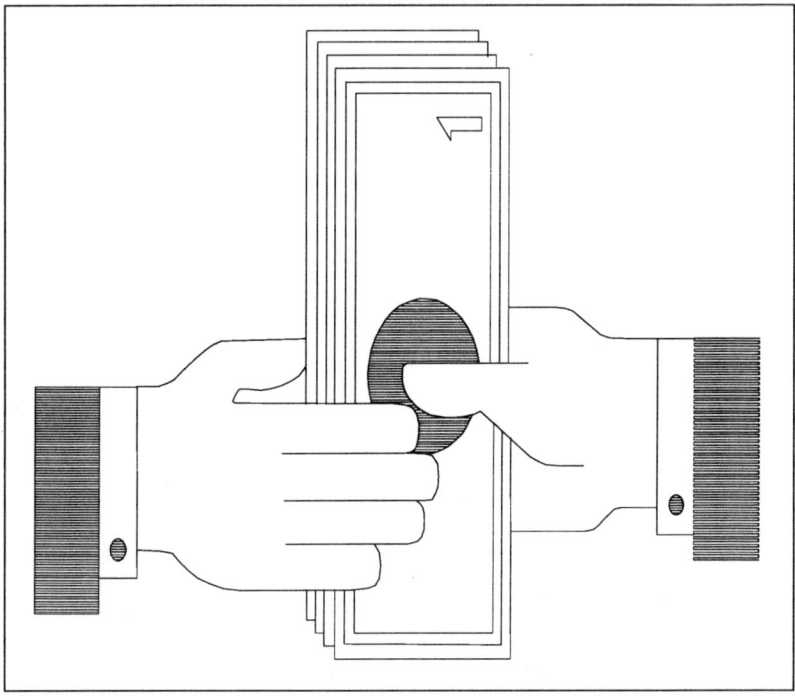

das Zahlungsziel und immer noch nicht bezahlt. Für Anzeigen haben sie Geld, aber als Lieferant bin ich ihnen wohl nicht wichtig genug.« Wie groß ist wohl Ihre Freude, wenn Sie in Ihrer Post einen Auftrag dieser Firma finden?

Vorstellung Nr. 3: Sie lesen in einer Kennziffer-Zeitschrift von einem revolutionären Computerprogramm zur Ermittlung von Reisekosten. Sie sind beeindruckt, füllen die Leserdienstkarte aus und bitten um nähere Angaben und Bezugsquellen.

Vier Wochen vergehen. Dann erhalten Sie einen Umschlag mit einem Stapel

Phantastische Geschichten

von Prospekten über zahlreiche Programme und Geräte. Sie interessieren sich jedoch für Einzelheiten und den Preis des beschriebenen Programmes. Also greifen Sie zum Telefonhörer und wählen die angegebene Rufnummer. Es dauert eine Weile, bis sich jemand meldet. Sie erklären Ihr Anliegen, aber die Telefonistin versteht nicht, worum es sich handelt. So werden Sie weiterverbunden, aber auch Ihr nächster Gesprächspartner ist nur von der Technik und kennt sich nicht aus. »Vielleicht können Sie morgen noch mal anrufen. Dann ist einer vom Vertrieb da, der vielleicht Bescheid weiß.« Er weiß es nicht, und eine genaue Beschreibung des Programmes gibt es auch nicht. Eine Woche später bekommen Sie einen Vordruck, mit dem Sie zu schneller Bestellung aufgefordert werden. Welche Einstellung haben Sie wohl zu dieser Aufforderung?

Drei Vorstellungen, aber dreimal der gleiche Effekt: Informationen, die Sie in unterschiedlichem Zusammenhang aufnahmen, beeinflußten wahrscheinlich Ihr Verhalten in einer anderen Situation. In allen beschriebenen Fällen vermittelte das betroffene Unternehmen einen Eindruck von seiner Identität und seinen Leistungen. Während der dritte Fall durchaus in den Marketing-Bereich gehört, entstanden die Informationen in den beiden ersten Fällen eher zufällig. Ihre Kommunikationswirkung ist jedoch viel stärker als die von Presseinformationen und Prospekten. Kritisch wird es für ein Unternehmen, wenn die Erfahrung mit ihm im Widerspruch zur offiziellen Darstellung steht. Daraus resultiert bestenfalls Unsicherheit, wahrscheinlich jedoch Mißtrauen:

- Ein Unternehmen bezeichnet seine Absatzmittler als »Partner«, läßt sie jedoch bei der nächsten Preissenkung auf einem Lager teuer eingekaufter Produkte sitzen.
- Ein Unternehmen stellt sich als Förderer von Kunst und Wissenschaft dar, verweigert jedoch einem anerkannten Institut die Unterstützung, weil auch Konkurrenzprodukte eingesetzt werden.
- Ein Unternehmen bezeichnet seine Mitarbeiter als wichtigstes Kapital, beschränkt seine Investitionen jedoch auf Maßnahmen zur Produktivitätssteigerung.

Ihre Einstellung zu Personen und Unternehmen entwickelt sich überwiegend aus Informationen, die aus Ihrer Umwelt stammen. Ihre Umwelt - die Menschen innerhalb und außerhalb Ihres Unternehmens - handelt nicht anders. Sie registriert zahlreiche Details Ihres Verhaltens, Ihrer Aussagen und Ihrer Reaktionen, bewertet sie und formt daraus das Bild einer Persönlichkeit - Ihrer oder der Ihres Unternehmens.

Kapitel 1 Einleitung

Ganzheitliche Marktkommunikation

Marktkommunikation findet immer dann statt, wenn Ihr Unternehmen Informationen mit seinem Markt austauscht. Das umfaßt ein sehr weites Feld. Die Amerikaner machen feine Unterschiede und haben spezielle Ausdrücke für die verschiedenen Bereiche geschaffen:

Market Communications	Absatzkommunikation
Marketing Communications	Vertriebskommunikation
Corporate Communications	Unternehmenskommunikation

In Deutschland wenden vereinzelt die Tochtergesellschaften amerikanischer Unternehmen auch diese Begriffe an. Ansonsten fällt bei uns alles unter den Begriff »Marktkommunikation«. Wir sollten diese Zusammenfassung nicht bedauern – sie entspricht am ehesten unserer Auffassung von Marktkommunikation als ganzheitlicher Aufgabe. Wir müssen nur in aller Deutlichkeit formulieren, was wir unter Kommunikation und unter Markt verstehen.

Für Kommunikation gibt es wissenschaftliche und verständliche Definitionen. Ganz deutlich sagt es Rupert Lay S.A., der Jesuitenpater und Meister philosophischer Rhetorik:

»Kommunikation ist der Prozeß der Verständigung zwischen den Menschen und das Bemühen, soziale Kontakte zu entwickeln, zu bewahren oder zu verändern.«

Damit erhalten wir eine erste Beschreibung der Aufgabe der Marktkommunikation: Sie soll zur Verständigung zwischen dem Unternehmen und seinem Markt führen und helfen, die sozialen Kontakte zwischen ihnen zu pflegen.

An diesem Punkt sollten Sie sich bewußt sein, daß Ihr Unternehmen nur für das Finanzamt eine Personen- oder Kapitalgesellschaft ist. In der Realität besteht es aus zahlreichen Menschen, die sich mehr oder weniger zufällig zusammengefunden haben, um gemeinsame oder individuelle Ziele zu erreichen. Die Menschen in Ihrem Unternehmen sind jedoch nicht nur Ihre Mitarbeiter. Gleichzeitig sind sie auch Mütter, Motorradfahrer, Kleingärtner oder

Einleitung

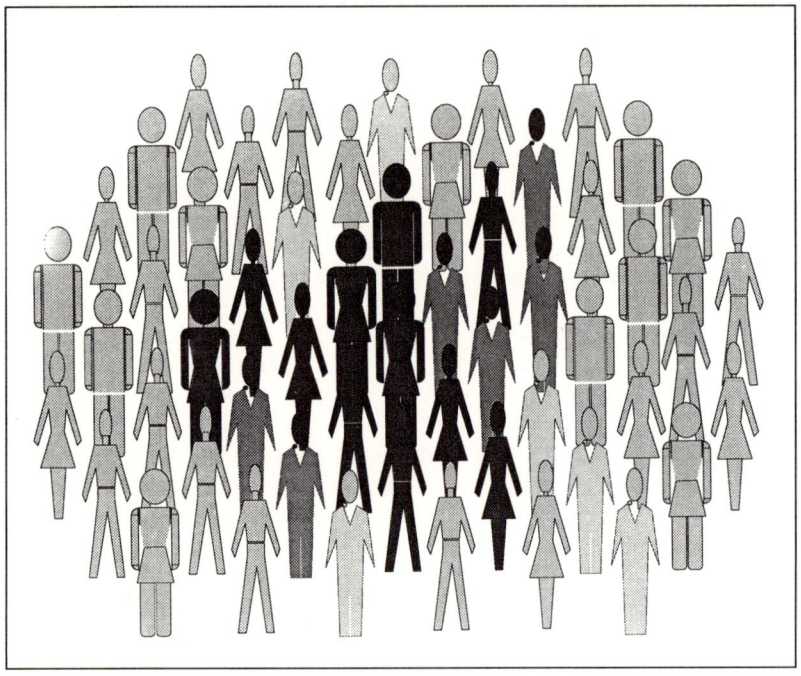

Gemeinderäte. Neben Kollegen haben sie Familie, Freunde, Nachbarn und Finanzbeamte.

So wie Ihre Mitarbeiter ihre Identität mit dem Betreten des Firmengeländes nicht ablegen, sind sie auch nach Feierabend noch Mitarbeiter Ihres Unternehmens. Sie erzählen über ihre beruflichen Freuden und Ärgernisse im Kreis der Familie, bei der Skatrunde und auf dem Tennisplatz. Wer ihnen gerade zuhört, hängt vom Zufall ab. Natürlich gibt es Bemerkungen, Kommentare oder Andeutungen, die nur hinter der vorgehaltenen Hand geflüstert werden. Ihr besonderes Kennzeichen ist, daß sie als vertraulich bezeichnet werden, womit die Voraussetzung für eine um so gründlichere Verbreitung gegeben ist. Grundsätzlich nehmen jedoch Mitarbeiter von Unternehmen in unserem demokratischen Land kein Blatt vor den Mund, wenn sie über besondere Leistungen oder über Ärgernisse, Schlampereien und vermeintliche Unzulänglichkeiten »ihres« Unternehmens sprechen.

Einleitung

Informationen über Ihr Unternehmen gelangen über verschiedene Kanäle an die Öffentlichkeit. Die offizielle Unternehmensdarstellung wird über die sogenannten formellen Kommunikationswege vermittelt:

- Der Pressesprecher spricht mit Journalisten,
- der Verkäufer verhandelt mit Kunden, und
- der Geschäftsführer berichtet an die Kapitaleigner.

Bei der Formellen Kommunikation bleibt nichts dem Zufall überlassen. Jedes Wort hat auf der Goldwaage gelegen, die Hausfarbe wurde von Psychologen ausgewählt und der Steigungswinkel des schrägen Balkens im Logo war Gegenstand wochenlanger Diskussionen.

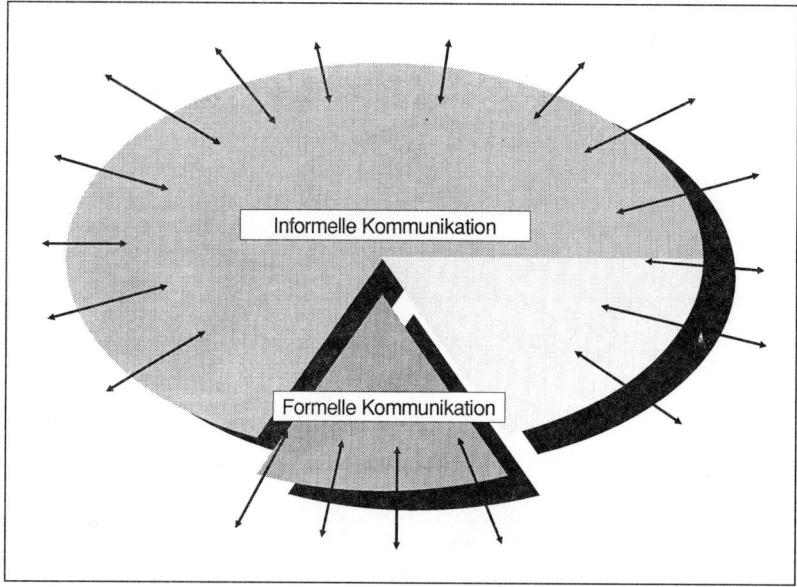

Die meisten Informationen über Ihr Unternehmen gelangen jedoch über Informelle Kommunikation an die Öffentlichkeit: Jeder Ihrer Mitarbeiter kommuniziert mit anderen Menschen innerhalb und außerhalb Ihres Unternehmens. Dabei sind Einflußmöglichkeiten relativ gering, wie die Entwicklung in der ehemaligen DDR gezeigt hat: Selbst durch Repression und Strafandrohung läßt sich der Austausch von Informationen zwischen Menschen kaum

Einleitung

unterbinden. Informationen in Ihrem Unternehmen verhalten sich wie Wasser in einem undichten Faß. Sie sickern durch zahllose Schlitze und Öffnungen, und wenn Sie alle undichten Stellen zustopfen, läuft das Faß irgendwann über und überschwemmt seine Umgebung.

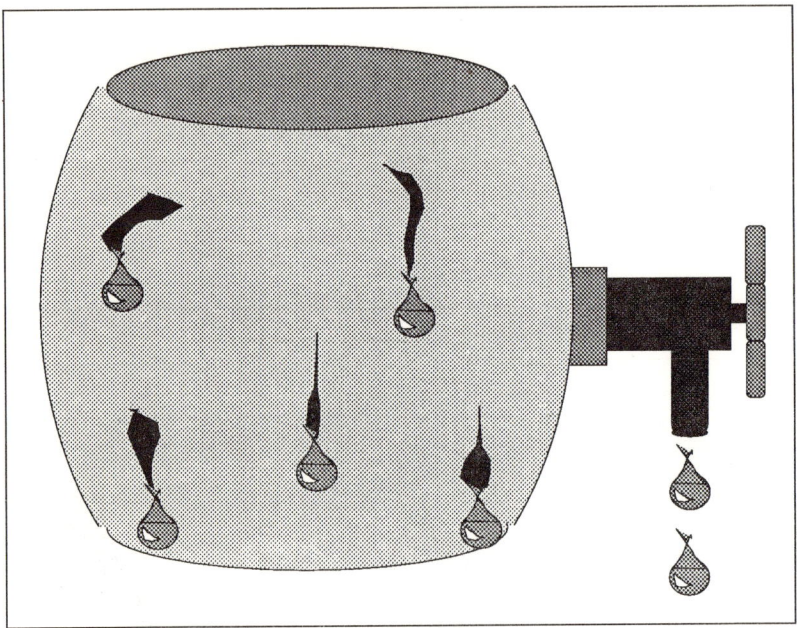

Diese Überlegungen führen uns zu einem wesentlich erweiterten Verständnis vom »Markt« eines Unternehmens. Er umfaßt alle Menschen, die direkt oder indirekt mit ihm in Verbindung stehen. In welcher Funktion und Rolle das geschieht, können wir kaum vorhersehen: Der Lieferant von heute kann morgen unser Kunde sein, der »lästige« Student wird unser Vorgesetzter, und unser Tennispartner war der Sachbearbeiter, der bei der Bank über unsere Kreditlinie entscheidet.

Wenn Sie Marktkommunikation als Prozeß der gesteuerten Übermittlung von Informationen und Meinungen über Ihr Unternehmen ansehen, müssen Sie alle Informationskanäle bei dieser Zielsetzung berücksichtigen. Der Markt Ihres Unternehmens ist seine gesamte Umwelt, und Marktkommunikation ist jeder Austausch von Informationen zwischen den Menschen innerhalb und außerhalb Ihres Unternehmens.

Formen der Information

Wenn wir mit einem anderen Menschen kommunizieren wollen, haben wir viele Möglichkeiten, ihm eine Information zu vermitteln:

- in Schriftform,
- als Sprache mit Mimik und Gestik,
- mit Bildern, Farben und Formen oder
- durch Handeln.

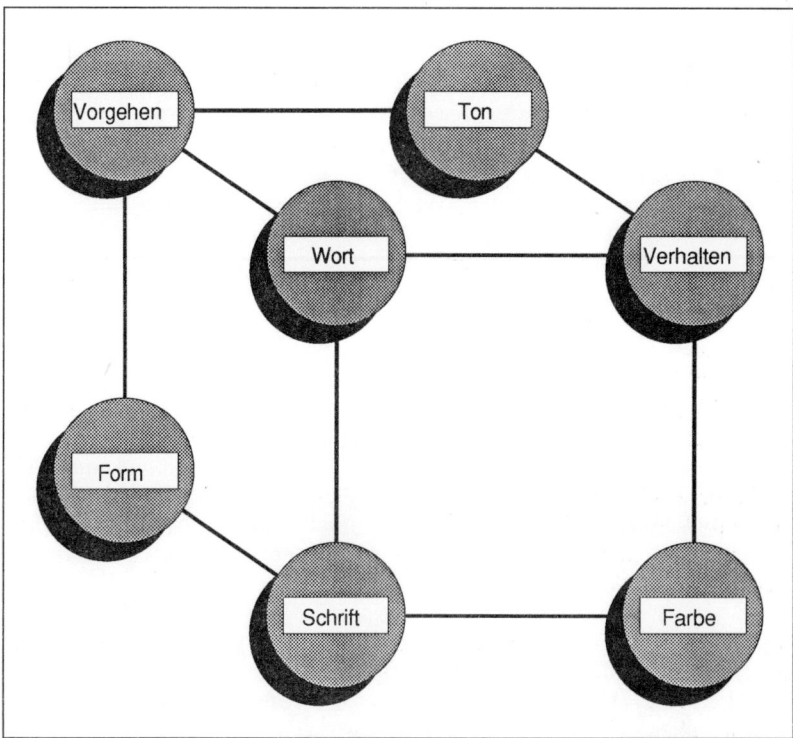

Einleitung

Die verschiedenen Formen der Information ergänzen und ersetzen sich gegenseitig: Wir kritzeln eine flüchtige Notiz auf einen Zettel, säuseln der Umworbenen unsere Botschaft ins Ohr, heben mahnend den Zeigefinger und wählen den schwarzen Anzug für die Feier.

Wir liefern unserer Umwelt ständig Informationen über uns, ob wir kommunizieren wollen oder nicht. Die deutlichste Sprache spricht unser Verhalten: Alles, was wir tun oder lassen, vermittelt durch Form und Inhalt eine Aussage über uns, unsere Merkmale und unsere Eigenschaften. Wir wirken natürlich und vertrauenerweckend, wenn wir uns so verhalten, wie wir reden, wenn unser Verhalten unserem Charakter entspricht und zu unserer Identität paßt. Alles andere bringt uns schnell in den Ruf eines unsicheren Typs, wenn nicht sogar eines Blenders oder eines Aufschneiders. Unsere Umwelt verbindet alle Einzelinformationen und verknüpft sie mit Bekanntem. Daraus entwickelt sie das Bild unserer Persönlichkeit mit all ihren Stärken und Schwächen.

Die gleichen Regeln wenden wir auf ein Unternehmen an. Wir lesen seine Anzeigen, lassen uns von der Fassade der Hauptverwaltung beeindrucken und urteilen über die Eröffnung eines neuen Werkes. Darüber hinaus plaudern wir mit unserem Fachhändler, bewundern den neuen Firmenwagen unseres Nachbarn und freuen uns über seine Beförderung zum Abteilungsleiter. Unser Eindruck vom Unternehmen ist so positiv, daß wir unserer Tochter empfehlen, sich dort um einen Ausbildungsplatz zu bemühen. Sie erzählt begeistert von ihrem ersten Gespräch, zeigt uns den angebotenen Vertrag und schwärmt von der Kantine, in die sie zum Mittagessen eingeladen wurde.

Unternehmen sind keine Maschinen oder Computer, sondern bestehen aus Menschen. Diese legen ihre Persönlichkeit nicht an der Garderobe ab, wenn sie ihr Büro betreten. Form und Inhalt ihrer Kommunikation mit ihrer Umwelt prägen das Bild des Unternehmens nach außen. Die Persönlichkeit oder Identität eines Unternehmens ist die Summe der Einzelpersönlichkeiten aller darin arbeitenden Menschen. Ein »freundliches Möbelhaus« wird nicht durch die Formulierung des Werbespruchs freundlich, sondern durch die Freundlichkeit aller seiner Mitarbeiter – nicht nur gegenüber Kunden, sondern vor allem untereinander.

Verhaltensweisen, Verfahren und Umgangsformen eines Unternehmens sind die wichtigsten Informationsquellen für seine Umwelt. Sie werden ergänzt durch Formen, Farben, Töne und Bilder. Fast nachrangig erscheint in diesem Zusammenhang der verbale Inhalt von Aussagen. Nur wenn er im Wider-

Einleitung

spruch zum Grundverhalten des Unternehmens steht, gewinnt er Bedeutung, aber nicht im positiven Sinn. Wenn wir im Verlauf dieses Buches die Wirkung verschiedener Formen der Information untersuchen, trennen wir sie formal in

- schriftliche Kommunikation,
- verbale Kommunikation,
- visuelle Kommunikation und
- Verhaltensweisen.

Wir wissen jetzt, daß diese vier Formen nicht isoliert stehen, sondern als Einheit wirken und sich ergänzen. Sie vermitteln als Ganzes einen Eindruck von Ihrem Unternehmen und seiner Einstellung gegenüber dem Markt.

Eine alte Verkäuferweisheit besagt, daß ein Kunde, der über Produktmerkmale oder den Preis diskutiert, bereits zum Kauf entschlossen ist. Sein Entscheid basiert dabei nicht auf dem Inhalt von Prospekten und Angeboten, sondern auf dem Eindruck, den er aus dem Verhalten von Unternehmen und Verkäufer gewonnen hat. Hier liegt eine wesentliche Schwäche vieler Hilfsmittel zur Entscheidungsfindung. Sie ermöglichen wohl die Bewertung von Sachinhalten, scheitern jedoch an der Quantifizierung von Eindrücken und Meinungen, deren Entstehungsprozeß rational nicht mehr nachvollziehbar ist.

Eine Geschäftsführung, die Identität, Merkmale und Leistungen des von ihr geleiteten Unternehmens seiner Umwelt vermitteln möchte, sollte erkennen, daß die Umwelt alle Menschen innerhalb und außerhalb des Unternehmens umfaßt, und daß es keinen Unterschied zwischen interner Identität und kommuniziertem Charakter geben kann. Sie sollte wissen, daß Informationen durch Form, Farbe, Ton, Stil, Verhaltensweisen und Methoden, jedoch nur in geringem Umfang durch Aussagen vermittelt werden können. Sie sollte Form und Inhalt von Informationen als gleichwertig ansehen und keinen Unterschied zwischen interner und externer, wichtiger und unwichtiger Kommunikation machen. Ganzheitliches Denken in der Marktkommunikation bedeutet:

- Alle Menschen, die direkt oder indirekt mit dem Unternehmen in Verbindung stehen, sind Teilnehmer seines Marktes.
- Alle Verhaltensweisen, die eine Information über Ziele, Merkmale und Leistungen vermitteln, sind Kommunikationsmittel.
- Alle Wege, auf denen Informationen zwischen den Mitarbeitern innerhalb und außerhalb des Unternehmens ausgetauscht werden, sind Kommunikationskanäle.

Einleitung

Dieses Denken erfordert, daß jeder Mensch in Ihrem Unternehmen sein Wissen über Ihre Ziele, Ihren Weg und Ihren Nutzen für Kunden, Lieferanten, Mitarbeiter, Kapitalgeber und für die Gesellschaft in Verhaltensweisen umsetzt. Wenn damit Ihre Grundverhaltensweise zur Kommunikation mit Ihrem Markt – Ihre Kommunikationsstrategie – definiert wird, sind die Voraussetzungen für eine vertrauensvolle Beziehung zwischen Ihrem Unternehmen und seiner Umwelt gegeben.

Ganzheitliches Kommunikationsverhalten Ihrer Mitarbeiter beinhaltet für Sie drei Führungsaufgaben:

- Die Ziele, die Strategien und der Nutzen Ihres Unternehmens und seiner Mitarbeiter sind verständlich zu formulieren und Ihren Mitarbeitern zu vermitteln.
- Ihre Mitarbeiter müssen diese Vorstellungen als richtig und realistisch anerkennen. Aus diesem Grund sollen sie sich selbst und ihre Erwartungen darin wiederfinden.
- Ihre Mitarbeiter können und wollen diese Vorstellungen auf ihre ganz persönliche Arbeitsweise und ihren Verhaltensstil übertragen.

Die erste Führungsaufgabe ist relativ einfach zu lösen. Wahrscheinlich sind Ihre Vorstellungen und die Ihres Führungsteams hinsichtlich der Aufgabe Ihres Unternehmens, seiner Ziele und seines Wegs schon längst in Ihrem Kopf vorhanden. Sind sie bereits schriftlich niedergelegt? Werfen Sie Ihre Bedenken über Bord, Sie würden mit einer schriftlichen Fixierung Ihrer Ideen Freiräume aufgeben und sich unter Erfolgsdruck setzen. Sehen Sie Ihre Gedanken in Schriftform als Orientierungsrahmen an, der Ihnen hilft, Ziel und Weg nicht aus den Augen zu verlieren. Vor allem hilft er Ihren Mitarbeitern, zu erfahren und zu verstehen, was Sie mit welchen Mitteln erreichen wollen. Nur dann können sie mit Ihnen am gleichen Strick und in die gleiche Richtung ziehen. Gefordert ist hierfür nicht nur die Präzision der Formulierung, sondern auch Ihr Engagement bei der Verbreitung und Erläuterung Ihrer Vorstellungen.

Ihre zweite Führungsaufgabe stellt schon etwas höhere Ansprüche. Sie erfordert vor allem Ehrlichkeit, Aufrichtigkeit und Interesse. Wenn Ihre Mitarbeiter sich mit diesen Vorstellungen identifizieren sollen, klappt das nur, wenn sie ihre eigenen Vorstellungen und Erwartungen darin wiederfinden. Für Sie bedeutet das zunächst genaue Kenntnisse von den Vorstellungen Ihrer Mitarbeiter, damit Ihre Formulierungen sie einschließen können. Aussagen zur Aufgabe Ihres Unternehmens, seinen Zielen und den Grundverhaltensweisen werden deshalb zweckmäßig im Team der Führungskräfte erarbeitet. Von herausragender Bedeutung ist, daß die genannten Ziele ehrlich sind und der Realität entsprechen. Nur dann werden sie akzeptiert.

Ihre dritte Führungsaufgabe fordert von Ihnen nicht weniger, als daß Sie persönlich Ihr Verhalten an Ihren Vorstellungen messen und ausrichten. Nur wenn Sie als Führungskraft vorleben, wie eine Idee in Verhaltensweisen umgesetzt werden kann, gewinnen Sie Mitstreiter und Nachahmer auf Ihrem Weg. Wenn Sie »Kundenorientierung« als Ziel auf Ihre Fahne schreiben, Ihre ganz persönlichen Kunden – Ihre Mitarbeiter – jedoch vor den Kopf stoßen, verliert Ihre Aussage an Glaubwürdigkeit. Dann wird sie von Ihren Mitarbeitern auch nicht entsprechend befolgt werden. Findet sich jedoch die von Ihnen geforderte Qualität auch in Büroausstattungen, Mitarbeiterbeurteilungen und Ihren Hausmitteilungen wieder, wird sie als Merkmal von Ihren Mitarbeitern auch nach außen getragen.

Menschliche Informationsverarbeitung

Wenn wir anderen Menschen eine Information vermitteln wollen, müssen wir uns menschlicher Verfahren bei der Aufnahme, Verarbeitung und Bewertung von Informationen bewußt sein. Zwei wichtige Kriterien bestimmen unsere Verhaltensweise bei der Aufnahme und Bewertung:

- Haben wir irgendeine Beziehung zu dieser Information?
- Erwarten wir irgendeinen Nutzen von dieser Information?

Die Beziehungsfrage ist unser erster Filter, der uns davor bewahrt, in der Flut auf uns einstürmender Informationen zu ertrinken. Nur wenn wir eine bewußte oder unbewußte Beziehung entdecken, wird eine neue Information überhaupt zur Bearbeitung durch unser Gehirn weitergeleitet. Sie wird analysiert, verglichen, interpretiert und aus unterschiedlichen Gesichtspunkten betrachtet, denn vor der Speicherung entscheidet unser Gehirn: Ist diese Information von irgendeinem Nutzen für uns?

Einen Nutzen versprechen wir uns, wenn mit dieser Information ein Defizit bei der Erfüllung eines der folgenden Grundmotive ausgeglichen wird:

Einleitung

- Sicherheit,
- Bequemlichkeit,
- Anerkennung,
- Gesundheit,
- Wissen,
- Sozialer Kontakt oder
- Selbstverwirklichung.

Nutzen hat somit immer einen Mangel zur Voraussetzung. Dieser Mangel kann, muß aber nicht bewußt sein. So wird der Nutzen einer Information auch überwiegend von unserem Unterbewußtsein bewertet. Wenn wir selbst schon nicht wissen, warum wir eine Information aufgehoben haben, so kann es für unsere Umwelt noch schwerer verständlich sein, warum wir uns an eine Information nicht erinnern oder weshalb wir etwas nicht vergessen können oder wollen.

Manchmal spielt unser Gehirn verrückt. So kommt es uns zumindest vor, wenn uns zu einem Stichwort plötzlich Dinge einfallen, die scheinbar überhaupt nichts damit zu tun haben. Verantwortlich für diese Assoziationen ist die Fähigkeit unserer Gehirnzellen, spontan oder gezielt miteinander in Verbindung zu treten und Informationen auszutauschen. Wir können Informationen nicht isoliert und objektiv betrachten. Auch Schöffen, Geschworene, Richter und unabhängige Sachverständige bearbeiten jede neue Information nach mehreren Verfahren:

- Über Analogien unseres Kulturkreises bilden wir Aussagen in unterschiedlichen Informationsformen ab,
- über Assoziationen wenden wir Erfahrungen der Vergangenheit auf neue Informationen an,
- über kreative Verbindungen entwickeln wir neue Erkenntnisse und Eindrücke,
- über unsere persönliche Zielsetzung gewichten wir die Bedeutung der gewonnenen Informationen.

Einleitung

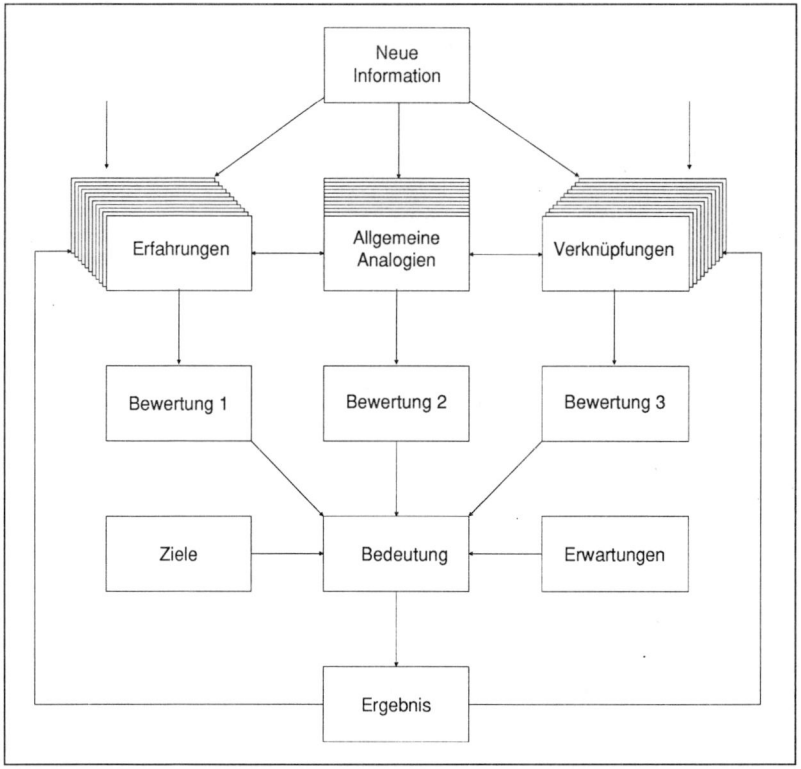

Analogien

Viele Gedankenverbindungen entstehen, weil die verbundenen Informationen in unserem Kulturkreis gleichartige Bedeutung haben – sie entsprechen einander:

- weiß bedeutet unschuldig,
- rund steht für weiblich,
- Sirene signalisiert Gefahr,
- Lebkuchen symbolisiert Weihnachten.

Der Kreis der Gleichartigkeiten läßt sich erweitern. Das esoterische Weltbild kennt das Prinzip der »vertikalen Analogie«, bei dem Gegenstände, Eindrücke

Einleitung

und Verfahren unterschiedlicher Bereiche in direkter Verbindung stehen. Eine typische Analogie dieser Denkweise ist der aufrechte Mensch, bei dem innere und äußere Haltung identisch sind.

Nach diesem Prinzip lassen sich Aussagen in eine direkte Beziehung zwischen den verschiedenen Formen der Information setzen. Nehmen wir als gegensätzliche Informationsinhalte Repression und Zuwendung, so lassen sich entsprechende Analogien für die Informationsformen Schrift, Wort, Bild, Ton, Form, Farbe und Verhalten ableiten:

Repression	Informationsform	Zuwendung
Vordruck	**Schrift**	Handschriftliche Notiz
Kommen Sie mal her!	**Wort**	Haben Sie Zeit für mich?
Schlachtfeld	**Bild**	Galerie
rauh	**Ton**	sanft
spitz	**Formgebung**	ausgewogen
rot	**Farbe**	blau
Anweisung	**Verfahren**	Abstimmung
Druck	**Methode**	Konsens

Gleiches finden wir in Formen der Unternehmenskommunikation wieder. Ein Teil wird gezielt eingesetzt, um über analoges Denken den gewünschten Eindruck zu vermitteln: der Vordruck zum Urlaubsantrag zwingt zur Unterordnung; Blau als Firmenfarbe soll Seriosität und Vertrauenswürdigkeit symbolisieren; der nach rechts aufwärts weisende Pfeil oder Balken zeigt Dynamik und weißer Marmor in der Eingangshalle drückt Macht und Erfolg aus.

Andere Analogien entstehen unbewußt und ungezielt, sind deswegen jedoch nicht weniger wirkungsvoll. Ist der Chef sich der Kommunikationswirkung bewußt, wenn er seine Mitarbeiter immer quer durch die Etage zu sich ruft? Kennt er die Wirkung seiner handschriftlichen Notizen auf Entwürfen seiner Untergebenen? Weiß der Vorstand, welchen heimlichen Sturm die neue Parkplatzordnung der Verwaltung entfacht hat?

Eine immer wieder beschriebene Stärke japanischer Unternehmen ist die Entscheidungsfindung im Konsens. Sie stellt nicht nur sicher, daß alle Meinungen gehört werden, sie vermittelt jedem Beteiligten auch die Wertschätzung des Unternehmens: Management-Technik als Kommunikationsmittel.

Einleitung

Erfahrungen und Vorurteile

Gute und schlechte Erfahrungen unserer persönlichen oder gesellschaftlichen Umgebung beeinflussen als »Vor-Urteile« die Aufnahme und Bearbeitung neuer Informationen.

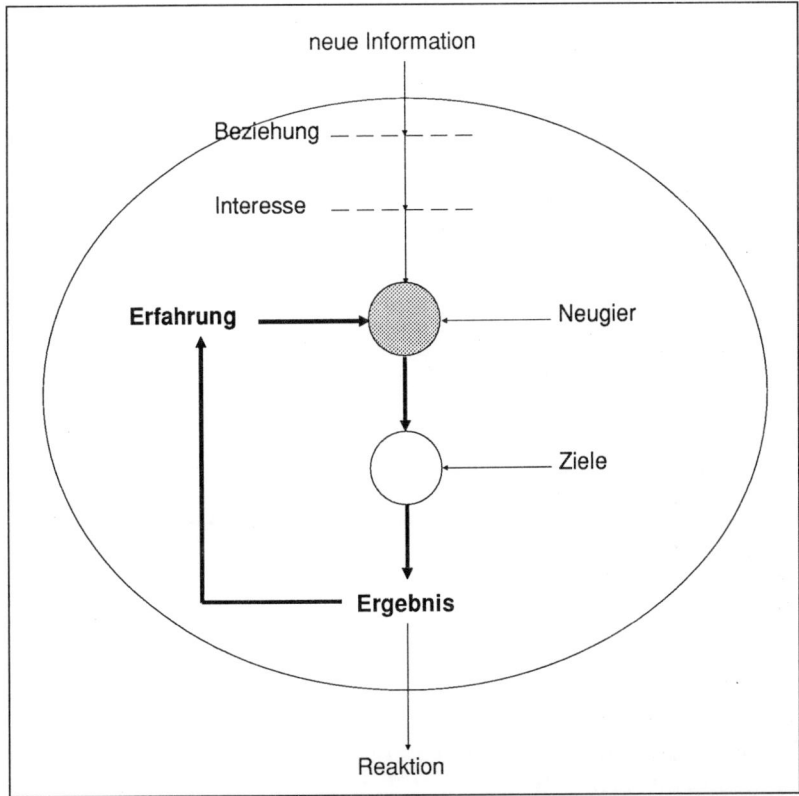

Vorurteile sind für die von uns gebildeten Assoziationen verantwortlich. Unser Gehirn setzt Eindrücke, die von unseren Sinnesorganen aufgenommen werden, in komplette Bilder oder Empfindungen um. So kommt uns ein bestimmter Geruch in die Nase und erzeugt das Bild eines Strandpavillons mit exotischen Gerichten. Vogelgezwitscher läßt vor unserem inneren Auge einen intakten Wald entstehen, und spielende Kätzchen erzeugen Zuneigung und

Einleitung

wecken Schutzinstinkte. Die Werbung setzt diese Assoziationsmöglichkeiten gezielt ein, um ein Produkt oder eine Leistung mit einem definierten Gefühl in Verbindung zu bringen.

Welche Gedankenverbindungen entstehen, ist vom individuellen Erfahrungsschatz und der aktuellen Situation abhängig. Wenn zu uns jemand sagt: »Es ist gutes Wetter«, dann müssen wir, um diese Aussage richtig interpretieren zu können, zahlreiche Zusatzinformationen haben:

- Wer sagt das?
- Wo kommt er her?
- Welches Wetter kennt er?
- Was bedeutet Wetter für ihn?
- Welche Erfahrungen mit dem Wetter hat er?
- Welcher Nutzen entsteht ihm aus diesem Wetter?

Seine Aussage zum Wetter muß für uns nicht gelten. Wenn seine Meinung von unserer abweicht und wir die Gründe für seine Aussage nicht kennen, können wir ihn sogar für unglaubwürdig oder unzuverlässig halten.

Übertragen wir die Bedeutung von Assoziationen auf die Unternehmenskommunikation. Wenn wir vermeiden wollen, daß die Empfänger einer Aussage, einer Botschaft oder einer Entscheidung eigene Interpretationen ableiten, müssen wir uns entweder zuvor genau über ihr Denkverhalten informieren oder alle Hintergrundinformationen und Gedankenverbindungen zu unserer Aussage offenlegen.

Kreative Verbindungen

Assoziativketten entstehen auch spontan durch eine neue Verknüpfung vorhandener Fakten. Verantwortlich für diese Kreativität ist die Fähigkeit unserer Gehirnzellen, spontan untereinander in Verbindung zu treten.

Hier wird die Grenze zwischen Genie und Wahnsinn schwimmend: Was beim anerkannten Künstler oder Wissenschaftler als kreativ gilt, wird dem Insassen der geschlossenen Anstalt als Beweis seiner Verrücktheit angelastet.

Unter technischen Gesichtspunkten ist unser Gehirn ein beeindruckendes Netzwerk, das auf elektronischem Weg auch nicht annähernd nachgebildet werden kann. Es verfügt über:

Einleitung

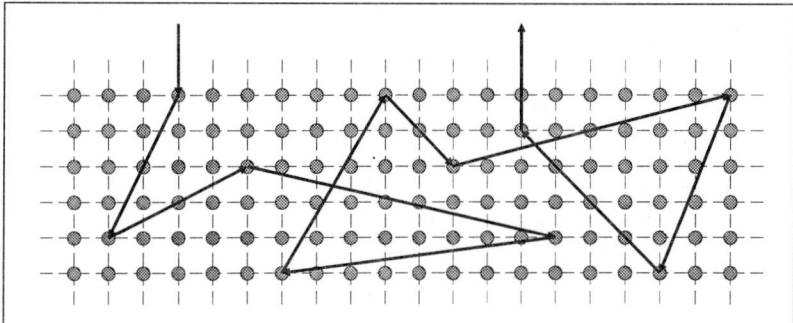

- 16 Milliarden Prozessoren,
- rund 3.000.000.000 Verarbeitungsschritte pro Sekunde,
- 2.000 Verbindungen gleichzeitig,
- eine Leistungsaufnahme von ca. 5 Watt,
- bei einem Gewicht von ca 1.000 Gramm.

Nur bei einem Leistungsmerkmal weist unser Gehirn gelegentlich Schwächen auf: Die Zugriffszeit auf gespeicherte Daten und Fakten variiert zwischen einer hundertstel Sekunde und unendlich.

Assoziationen, die aus kreativen Verbindungen entstehen, können wir mit unseren Kommunikationsmitteln wenig beeinflussen. Wir können jedoch die Wissensbasis des Unterbewußtseins massiv mit Informationen versorgen. Damit erhöhen wir die Chance, daß sie in der gewünschten Form in den kreativen Prozeß einfließen.

Konflikte

In Konflikt geraten wir immer dann, wenn verschiedene Darstellungsformen eines Gegenstandes oder Vorganges zu unterschiedlichen Aussagen führen: der aufrechte Mann raubt unsere Geldbörse, das erfolgreiche Unternehmen zahlt seine Rechnungen nicht. Wenn wir eine Information über uns – als Person oder als Unternehmen – vermitteln, müssen wir berücksichtigen, daß unsere Empfänger diese Angabe einer internen Bearbeitung unterziehen:

- Welche Analogie entspricht dieser Information?
- Welche Interpretation liefert die Erfahrung?
- Welche neuen Erkenntnisse lassen sich ableiten?

Einleitung

Am Ende der Bearbeitung ergibt sich eine Aussage, die als Baustein eines Persönlichkeitsbildes (Image) verwendet wird. Gleichzeitig wird sie als neue Erfahrungstatsache für zukünftige Bearbeitungsprozesse archiviert, aber auch für die Neubewertung längst zurückliegender Denkprozesse herangezogen. Das kann zu völlig überraschenden Ergebnissen führen.

Menschen können ihre Reaktion von einer Sekunde zur anderen ändern. Eine Information, die neu aufgenommen wird oder aus der Verbindung vorhandenen Wissens entsteht, kann das Ergebnis eines Verarbeitungsprozesses völlig umdrehen: »Er ist auf einmal wie umgewandelt!« Die Kriminalautoren prägten den Typ des stillen Denkers, der bekannte Fakten immer wieder neu zusammenfügt und endlich auf die Lösung kommt, bei der alle Teile zusammenpassen: Der Butler ist doch nicht der Mörder. Im täglichen Leben täuschen Menschen sich gern selbst, indem sie Informationen nicht aufnehmen oder gefärbt bewerten. Irgendwann überdenken sie alles, lassen sich nicht länger täuschen, sondern werden ent-täuscht und gelangen bei gleichen Ausgangsvoraussetzungen zu völlig neuen Erkenntnissen.

Es gibt auch Personen, die andere gezielt mit einer falschen oder unvollständigen Information versorgen, um damit ein gewünschtes Ergebnis – eine Meinung – zu erzielen. Das ist keineswegs ein Privileg der Politiker. »Einen guten Eindruck erwecken« oder »Wolf im Schafspelz« sind gängige Ausdrücke für gezielte Fehlinformationen.

In einem gewissen Rahmen ist unsere Gesellschaft für typische Formen der Fehlinformation verantwortlich. Sie fordert bestimmte Merkmale und Eigenschaften für die allgemeine Akzeptanz. »Der Jugend gehört die Welt« veranlaßt ältere Menschen, mit Hilfe moderner Chemie, Kosmetik und Chirurgie wenigstens ihr Äußeres dieser Forderung anzupassen und damit ihren Anspruch auf Teilnahme am Leben zu rechtfertigen.

Das Vortäuschen einer Realität ist zugleich Bestandteil unseres Wirtschaftslebens. Die Verkäufer von IOS-Anteilen verdanken ihren Erfolg der gelungenen Darstellung von Seriosität, Reichtum und Professionalität. Mit der Entwicklung und Verbreitung eines marktgerechten Image ist eine ganze Branche beschäftigt. Sie zäumt das Pferd in der Regel von hinten auf: Das Wunschimage wird am grünen Tisch entsprechend den Ergebnissen von Umfragen oder von Vermutungen entworfen. Danach werden imagebildende Maßnahmen entwickelt, die durch gezielte Informationsfilterung und -manipulation zum Aufbau eines entsprechenden öffentlichen Ansehens dienen sollen.

Einleitung

Die gezielte Irreführung menschlicher Meinung ist jedoch gefährlich. Menschen glauben häufig, nach Gefühl zu urteilen. In Wirklichkeit verbirgt sich dahinter ein ungemein komplexer Prozeß, bei dem zahlreiche bewußt und unbewußt aufgenommene Informationen zu einem Bild zusammengefügt werden. Lange zurückliegende Erfahrungen, gewonnene Erkenntnisse und neue Eindrücke sind gleichermaßen Teile dieses Puzzles. Passen sie zusammen und ist das Ergebnis schlüssig, so bildet sich zunächst eine stabile Meinung.

Kommen jedoch Informationen hinzu, die nicht in das Bild passen, entsteht zunächst Mißtrauen. Dieses Mißtrauen kann zur völligen Neubewertung aller Teile führen. Informationen, die bislang nicht berücksichtigt wurden, fließen plötzlich in die Meinungsbildung ein und verändern das Bild. Zwischen zwei völlig entgegengesetzten Ansichten liegt dabei ein weites Feld der Unsicherheit, in dem der urteilende Mensch jede zugängliche Information auf ihre Verwertbarkeit bei der Meinungsbildung untersucht.

Seit drei Monaten kommt der Ehemann unregelmäßig erst spät in der Nacht nach Hause und erzählt von anstrengenden Sitzungen. Eines Abends entdeckt die Ehefrau sein Auto auf einem Parkplatz in der Innenstadt. Er jedoch erzählt wieder von einer langatmigen Konferenz. Sie beginnt zu überlegen: Hat er nicht in letzter Zeit größere Geldbeträge abgehoben, um sie »neu zu investieren«? An einem Abend roch er stark nach Parfüm, weil er »im Aufzug zu nah neben einer Kollegin stand«. Eine kurze Rechnung ergibt, daß die neue Sekretärin seit knapp vier Monaten im Büro ist. Die Ehefrau untersucht die Anzüge und findet eine Rechnung über mehrere tausend Mark für Gardinen. Eine Prüfung des Schreibtisches führt zu einer abgeschlossenen Schublade.

Für die Ehefrau bricht eine Welt zusammen: Hat ihr Mann sie belogen? Hat er möglicherweise ein Verhältnis mit der neuen Sekretärin? Also ruft sie bei seiner nächsten Abwesenheit seinen Kollegen an, um ihn zu ihrem bevorstehenden Geburtstag einzuladen. Daß er zuhause ist, während ihr Mann angeblich konferiert, verstärkt ihren Verdacht. Um Klarheit zu gewinnen, wartet sie bei nächster Gelegenheit vor seinem Büro und folgt ihm. Er fährt in die Innenstadt, parkt seinen Wagen und verschwindet in einem Laden, der gerade renoviert wird. Sie findet ihn in der Mitte einer Gruppe von Handwerkern: Gerade erklärt er, was unbedingt noch fertig werden muß, damit er seiner Frau pünktlich zu ihrem Geburtstag den uralten Traum von einer eigenen Parfümerie erfüllen kann.

Einleitung

Gefährlich bei der gezielten Irreführung von Menschen ist ihre Neigung, bei Verdacht auf Täuschung alle bisher vorliegenden Informationen und Erkenntnisse neu zu bewerten. Dabei können die positiven Fakten verdrängt und die negativen überbewertet werden. Ähnliches kann geschehen, wenn Negativmeldungen über ein Unternehmen an die Öffentlichkeit gelangen, das zuvor nur den besten Eindruck erweckt hat. Hier spielen zusätzlich menschliche Eigenschaften wie Schadenfreude, Neid und Mißgunst eine Rolle, wenn nur wenige negative Schlagzeilen genügen, um einen Wandel in der Meinung der Betroffenen herbeizuführen. Wahrscheinlich stimmte jedoch das Bild vorher schon nicht, weil einzelne Informationen in den gezeichneten Rahmen nicht hineinpaßten und mißtrauisch machten.

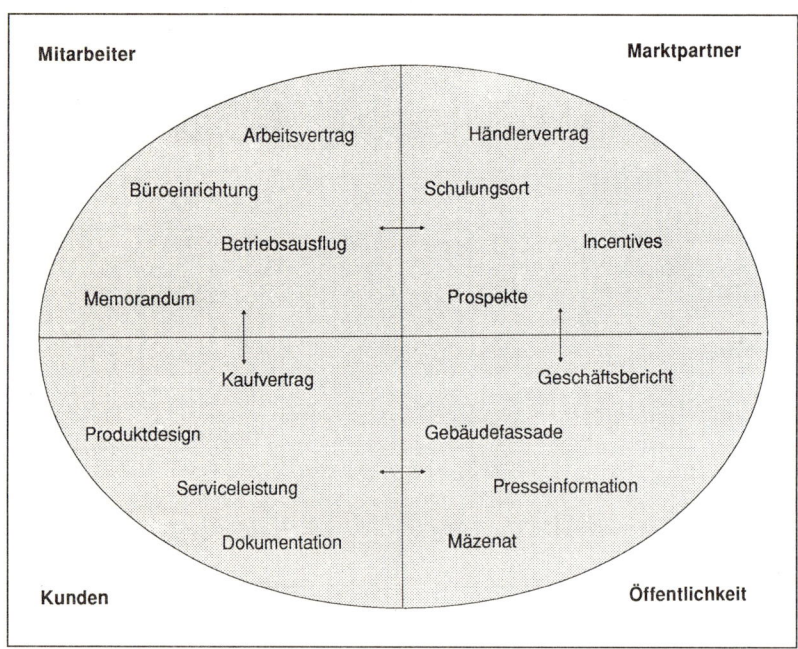

Ein Ehepaar, das heimlich Gemeinheiten austauscht, in der Öffentlichkeit jedoch Harmonie zur Schau trägt, ist im Bekanntenkreis bald durchschaut. Ein Unternehmen, das sich seinen Kunden gegenüber dienstfertig, hilfsbereit und großzügig zeigt, seine Lieferanten jedoch knebelt, seine Gläubiger warten läßt und seine Mitarbeiter wie Champignons managt, darf sich nicht wundern, wenn ihm das Vertrauen entzogen wird. Der Markt eines Unternehmens ist seine Umwelt. Sie umfaßt alle Menschen, die gelegentlich oder regelmäßig mit ihm zu tun haben – von der Putzhilfe über den Einkäufer bis zum Finanzbeamten. Alle nehmen Informationen vom Unternehmen auf, verarbeiten sie und geben sie an ihre Umgebung weiter. Deshalb sollte es keinen Unterschied zwischen dem internen und dem externen Verhalten des Unternehmens geben. Es sollte auch nicht differenziert werden zwischen wichtigen und unwichtigen Empfängern von Nachrichten, denn jeder Empfänger ist als Mensch ein Teil der Umwelt des Unternehmens und trägt zur Bildung des öffentlichen Ansehens bei.

Alle Formen, Mittel und Verfahren zum Austausch von Informationen zwischen Unternehmen und Markt wirken direkt gleichzeitig auf mehrere unterschiedliche Personengruppen. Über die Kommunikation zwischen diesen Gruppen wirken sie darüber hinaus auf alle Menschen innerhalb und außerhalb des Unternehmens.

Urteilsfindung

Wenn wir uns ein Urteil über einen anderen Menschen bilden wollen, fassen wir alle greifbaren Informationen über ihn zusammen. Nicht anders handeln wir, wenn wir die Persönlichkeit eines Unternehmens bewerten:

Einleitung

Ein Mensch	Ein Unternehmen
Was haben wir bisher über ihn gehört?	Was haben wir bisher darüber gehört?
Was hat er bisher gesagt?	Was hat es bisher gesagt?
Wie hat er sich bisher verhalten?	Wie hat es sich bisher verhalten?
Wie ist er gekleidet und welche Frisur trägt er?	Wie wirken Lage, Gebäude und Einrichtung?
Wie kam er hierher?	Welche Firmenwagen werden benutzt?
Was sagt er?	Was steht im Prospekt?
Was erzählt sein Körper?	Wie benehmen sich die Mitarbeiter?
Wie reagiert er auf uns?	Wie reagiert es auf uns?
Was will er von uns?	Was will es von uns?
Was nutzt er uns?	Was nutzt es uns?
Er ist ...	Es ist ...

Der größte Teil dieses Bewertungsprozesses läuft blitzschnell in unserem Unterbewußtsein ab, ohne daß wir genau sagen können, welche Informationen in welcher Reihenfolge aus welchem Grund herangezogen wurden. Das Ergebnis liefert unserem Bewußtsein klare Anweisungen:

- »Ich habe Vertrauen.«
- »Ich habe Verwendung.«
- »Ich mag ihn (es).«

Unternehmen, die für die Menschen ihrer Umwelt vertrauenswürdig und nützlich sein wollen, müssen ehrlich sein. Sie sollten Informationen nicht zurück-

Einleitung

halten, filtern oder manipulieren. Sie sollten keine falschen Angaben machen und nicht versuchen, einen Eindruck zu erwecken, der mit der Realität nicht übereinstimmt. Selbst wenn es gelingt, allen Schmutz unter den Teppich zu kehren und stets eine makellose Oberfläche zu zeigen, bleibt das Gebäude ein Kartenhaus, das beim ersten Windstoß zusammenfallen kann. Menschen lassen sich nur für begrenzte Zeit täuschen. Es genügt eine Kleinigkeit, um Mißtrauen zu wecken und Vertrauen zu zerstören.

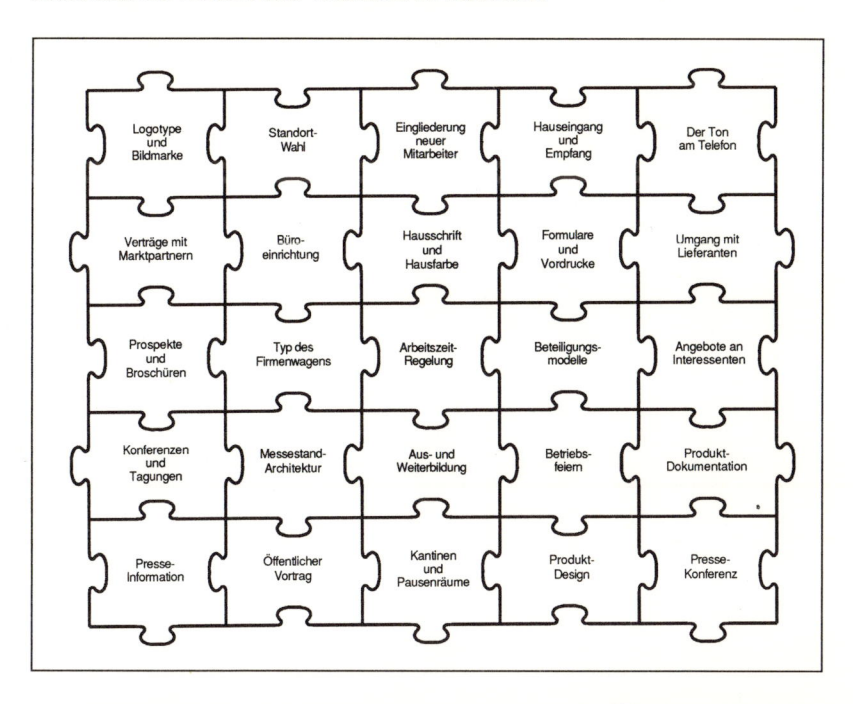

Logotype und Bildmarke	Standort-Wahl	Eingliederung neuer Mitarbeiter	Hauseingang und Empfang	Der Ton am Telefon
Verträge mit Marktpartnern	Büro-einrichtung	Hausschrift und Hausfarbe	Formulare und Vordrucke	Umgang mit Lieferanten
Prospekte und Broschüren	Typ des Firmenwagens	Arbeitszeit-Regelung	Beteiligungs-modelle	Angebote an Interessenten
Konferenzen und Tagungen	Messestand-Architektur	Aus- und Weiterbildung	Betriebs-feiern	Produkt-Dokumentation
Presse-Information	Öffentlicher Vortrag	Kantinen und Pausenräume	Produkt-Design	Presse-Konferenz

Kein Unternehmen kann alle Informationen, die an die Öffentlichkeit gelangen, kontrollieren und steuern. Unternehmen sind keine Computer. Sie bestehen aus Menschen, die auf vielfältige Art mit ihrer Umwelt kommunizieren. Der Eindruck, den sie vermitteln, formt sich aus vielen Details wie ein Puzzle. Passen die Teile zusammen, entsteht daraus das Bild einer abgerundeten Persönlichkeit, die vertrauensvoll mit ihrem Markt kommuniziert. Damit sind die wichtigsten Voraussetzungen für einen langfristigen Erfolg erbracht.

Kapitel 2 Zielorientierte Kommunikation

Die Methodik zur Ausrichtung

Wenn ein Unternehmen sich entschließt, sein Kommunikationsverhalten gegenüber dem Markt unter ganzheitlichen Aspekten auszurichten, kann das aus mehreren Gründen erforderlich sein:

- Das Unternehmen hat eine Größe erreicht, die ein professionelles Kommunikationsmanagement erfordert.
- Im Unternehmen hat sich ein grundlegender Wandel vollzogen, der kommunikativ zu bewältigen ist.
- Die Umwelt des Unternehmens hat ihre Wertvorstellungen so verändert, daß die Verhaltensweisen des Unternehmens angepaßt werden müssen.

Es gibt noch einen vierten Grund. Er dürfte für die Mehrzahl der Unternehmen zutreffen: Die Führung hat sich dazu durchgerungen, die Diskrepanz zwischen innen und außen zu überwinden und endlich so mit dem Markt zu kommunizieren, wie es der Identität des Unternehmens entspricht.

In jedem Fall ist viel Arbeit zu leisten. Sie sollte projektmäßig organisiert werden, damit die Reihenfolge stimmt, nichts vergessen wird und die Realisierung schrittweise nach Prioritäten durchgeführt werden kann. Zweckmäßig ist die Untergliederung in feste Projektschritte. Jeder Projektabschnitt erfordert bestimmte Ausgangsinformationen, beinhaltet entsprechende Bearbeitungsverfahren und liefert definierte Ergebnisse, die als Eingangsinformationen des nächsten Projektschrittes verwendet werden.

Den Beginn jedes Ausrichtungsprozesses bildet die Definition von Zielrichtung und erforderlicher Wirkung aller Kommunikationsmittel und -verfahren. Anschließen sollte sich eine Istaufnahme, bei der die gegenwärtige Situation im Unternehmen erhoben und bewertet wird. Aus der Abweichung zwischen dem Zielzustand und dem aktuellen Stand werden alle erforderlichen Änderungen abgeleitet, beschrieben und mit Prioritäten versehen. Die Realisierung beinhaltet vor der eigentlichen Einführung der Maßnahmen auch die Vermittlung der Zielsetzung an alle Beteiligten. Langfristig sollten die Kommunikationsziele in regelmäßigen Abständen hinsichtlich der Wertedynamik des Marktes überprüft und gegebenenfalls angepaßt werden. Die Ausrichtung des

Zielorientierte Kommunikation

Kommunikationsverhaltens läßt sich in die folgenden Phasen untergliedern:

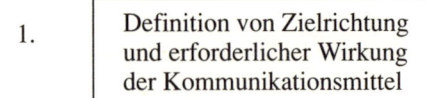

1.	Definition von Zielrichtung und erforderlicher Wirkung der Kommunikationsmittel
2.	Erhebung und Analyse des aktuellen Kommunikationsverhaltens des Unternehmens
3.	Entwicklung und Beschreibung der Maßnahmen zur Ausrichtung
4.	Vermittlung der Zielsetzungen an alle Beteiligten und Realisierung der Maßnahmen
5.	Kontinuierliche Überprüfung und Anpassung der Kommunikationsziele hinsichtlich der Wertedynamik des Marktes

Empfehlungen zur Durchführung

Betriebsblindheit, mangelnde Sensibilität gegenüber Signalen der Umwelt und eingeschränkte Aufrichtigkeit können die Systematisierung der Kommunikation eines Unternehmens erschweren. Gute persönliche Beziehungen zwischen den Mitarbeitern und zu ihren Marktpartnern beschränken den Prozeß auf die formale Definition und Beschreibung praktizierter Verfahren und Methoden.

Kleinere Unternehmen bis ca. 50 Mitarbeiter sollten den Prozeß zur Systematisierung selbst durchführen. Bei ihnen ist der Kreis der beteiligten Personen – Mitarbeiter, Kunden und Lieferanten – überschaubar, wenn nicht sogar persönlich bekannt. Die Definition der Zielrichtung ist wahrscheinlich im Kopf des Chefs oder Inhabers gespeichert, wenn auch nur selten zu Papier gebracht. Für die Istaufnahme gibt es Checklisten – einige sind im Anhang dieses Buches abgedruckt –, die sicherstellen, daß nichts vergessen wird. An der Umsetzung können alle Mitarbeiter beteiligt werden, denn sie sind auch die beste Informationsquelle für Änderungen im Markt.

Mittlere Unternehmen bis ca. 1000 Mitarbeiter werden in der Regel externe Hilfe in Anspruch nehmen. Sind Leitbild und Unternehmensstrategie noch nicht verbindlich formuliert, kann der Einsatz eines externen Moderators den schnellen Konsens fördern. Die Umsetzung der Kommunikationsziele in Maßnahmen und Verfahren betrifft unterschiedliche Unternehmensbereiche und kann zu Kompetenzstreitigkeiten führen. Die Unabhängigkeit externer Berater hilft, diese Konflikte zu vermeiden. Bei der Vermittlung von Zielsetzung und Maßnahmen an Mitarbeiter und Kommunikationspartner kann dem externen Berater mehr Glaubwürdigkeit zugemessen werden. Er sollte als neutraler Beobachter auch bei der kontinuierlichen Anpassung an die Wertedynamik des Marktes hinzugezogen werden.

Große Unternehmen mit mehr als 1000 Mitarbeitern sollten für die kontinuierliche Systematisierung eigene Mitarbeiter einsetzen, deren hierarchische Position einen Kompetenzstreit ausschließt und deren Unabhängigkeit vom Tagesgeschäft für die entsprechende Akzeptanz durch Mitarbeiter und Kommunikationspartner sorgt.

Zielsetzung und Sollkonzeption

Zielorientiertes Kommunikationsverhalten aller Ihrer Mitarbeiter erreichen Sie, wenn Sie alle Verfahren zur Kommunikation mit Ihrem Markt an Ihren Unternehmenszielen, den erforderlichen Eigenschaften und Merkmalen und den daraus abgeleiteten Grundverhaltensweisen ausrichten. Am Beginn des Systematisierungsprozesses stehen deshalb die Definitionen von Zielrichtung und gewünschter Wirkung der Kommunikationsverfahren. Die Sollkonzeption entwickeln Sie aus

- den Unternehmenszielen,
- dem Leitbild,
- der Unternehmensstrategie,
- der Marktposition mit ihren Stärken und Schwächen und
- den Kommunikationszielen.

Das Ergebnis dieser ersten Phase steckt den Rahmen für die Ausrichtung des Kommunikationsverhaltens ab. Dazu gehören die formulierte Kommunika-

Zielorientierte Kommunikation

tionsstrategie, festgelegte Merkmale und Eigenschaften sowie verabschiedete Rahmenrichtlinien zu Verfahren, Gestaltung und Terminologie.

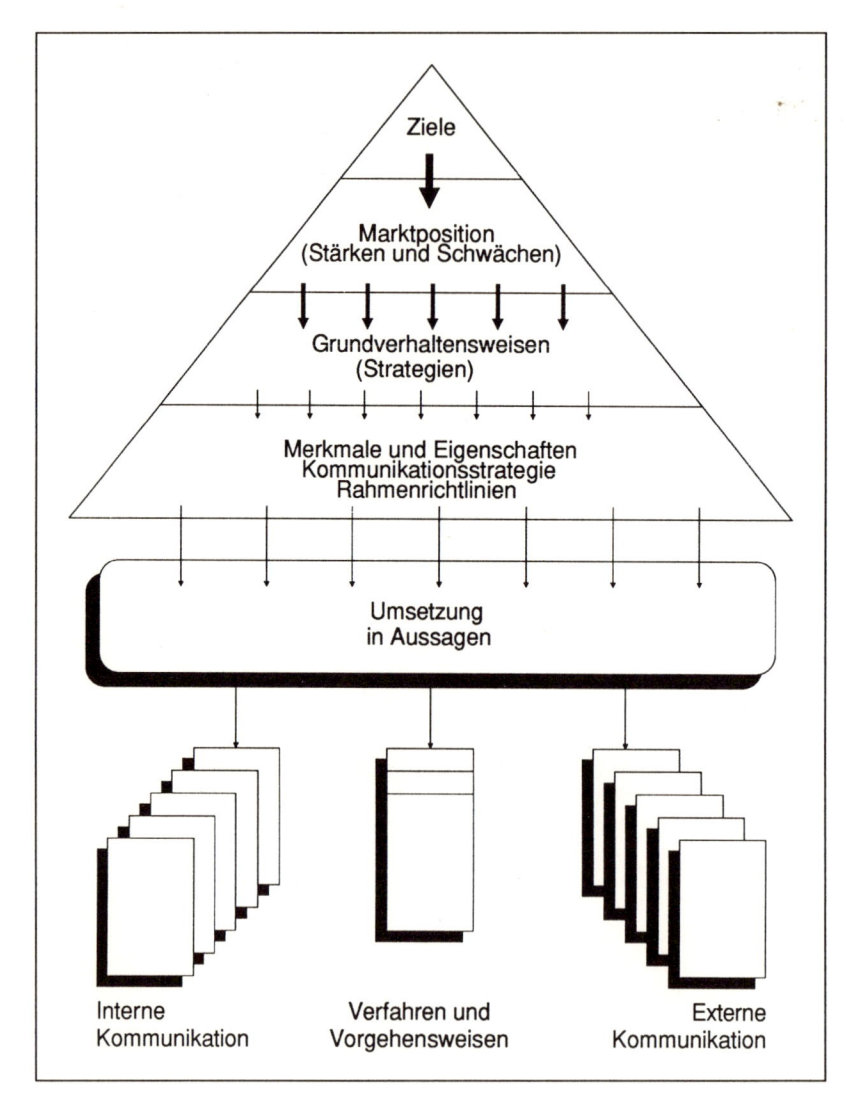

Zielorientierte Kommunikation

Die Bedeutung des Leitbildes

Das Leitbild Ihres Unternehmens ist die formulierte Beschreibung, wer oder was Ihr Unternehmen in der Zukunft sein will. Es bildet den Orientierungsrahmen für alle Maßnahmen und Verfahren und ist der Maßstab für die Grundverhaltensweisen (Strategien) Ihres Unternehmens. Ist diese Zielvorstellung formuliert, verständlich interpretiert und auch den Mitarbeitern vermittelt, dann können auch alle an einem Strick und in die gleiche Richtung ziehen. Ein fehlendes oder nicht bekanntes Leitbild ist am deutlichsten an hektischer Aktivität, Konkurrenzdenken im Unternehmen und ausgeprägtem Besitzstandsdenken erkennbar.

»Ich werde Lokomotivführer« war lange Zeit das erste Leitbild im Leben kleiner Jungen, bis das Fernsehen andere, schmackhaftere Zukunftsvorstellungen in die Kinderzimmer brachte: Geheimagent, Raumschiffkommandant oder

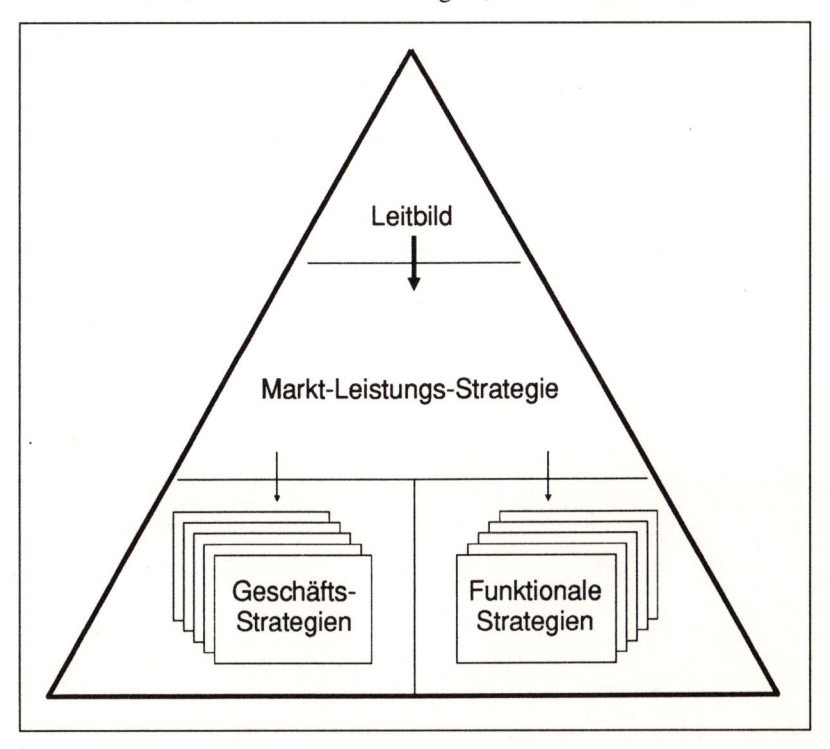

Zielorientierte Kommunikation

Rennfahrer. Spätestens mit dem Beginn der Schulzeit werden diese Leitbilder einer kritischen Überprüfung auf ihre Realisierbarkeit unterzogen und verworfen. An ihre Stelle tritt ein Vakuum. Darin liegt einer der Gründe für die gern zitierte »Orientierungslosigkeit« der Jugend: Alte Leitbilder haben ausgedient, neue sind noch nicht erkennbar, und die öffentliche Diskussion über zukünftige Probleme in Umwelt und Arbeitswelt ist nicht geeignet, Hilfe bei der Entwicklung einer Vorstellung von der persönlichen Zukunft zu leisten. »No Future« bedeutet jedoch nicht, daß es keine Zukunft gibt. Nur fehlt die Vorstellung davon, wie sie aussehen soll.

Viele Menschen entwickeln ein ganzes Leben lang keine konkrete Vorstellung von ihrer Zukunft. Deswegen fehlt ihnen auch der Rahmen für ihr grundsätzliches Verhalten. Sie rennen in alle Richtungen los, versuchen dieses und jenes oder sitzen einfach da und warten darauf, daß irgend etwas geschieht. Um ihre Ziellosigkeit zu verbergen, häufen sie in der Zwischenzeit Besitz an. Viel Geld, ein luxuriöses Haus, der Dienst-Mercedes, viele Untergebene oder politische Macht werden als Beweis der Tüchtigkeit und des Erfolges dargestellt. Wie wenig diese Ersatzziele mit einem Leitbild zu tun haben, zeigt sich spätestens bei ihrem Verlust: Wer hat, ist was, und wer nichts mehr hat, ist auch nichts mehr. Dann bleibt nur noch der Selbstmord. So ist die »Besitzstandswahrung« das wichtigste Ziel für all jene, die fehlende Zukunftsvisionen durch den Erwerb von Besitzrechten kompensieren.

Nutzen, Ziele und Merkmale

Das Leitbild beschreibt, welcher Grundnutzen erbracht werden soll. Das Ziel Ihres Unternehmens ist der Zustand, der Sie in die Lage versetzt, diesen Nutzen zu erbringen:

Grundnutzen		Ziel
Bequemlichkeit erschwinglich machen	=	Preisführer sein
Service für jeden Abnehmer bieten	=	flächendeckend präsent sein

Ist das Leitbild formuliert und kommuniziert, kann auch der Weg beschrieben

Zielorientierte Kommunikation

werden, auf dem dieses Ziel erreicht werden soll. Strategische Unternehmensplanung bedeutet, die grundsätzlichen Vorgehens- und Verhaltensweisen des Unternehmens genau zu definieren. Das macht natürlich nur Sinn, wenn das Verhalten zur Erreichung eines Zieles dienen soll.

Wenn wir gesetzte Ziele erreichen wollen, brauchen wir dafür bestimmte Merkmale und Eigenschaften. Entweder wir besitzen sie oder wir müssen sie erwerben. Besitz allein ist kein Ziel. Er bildet lediglich die Voraussetzung zur Erreichung des Zieles:

Eigenschaft (Besitz)		Ziel
die billigsten Produkte haben	=	Preisführer sein
viele Geschäftsstellen haben	=	präsent sein

Im Idealfall stimmen die Ziele des Unternehmens und seiner Mitarbeiter überein. Dann besteht auch keine Diskrepanz zwischen dem Verhalten der Mitarbeiter und der Erreichung der Unternehmensziele. Fehlt das Unternehmensziel oder weicht es gravierend von den Vorstellungen der Beschäftigten ab, so wird das Verhalten des Unternehmens vom Verhalten seiner Mitarbeiter zur Erreichung ihrer persönlichen Ziele bestimmt. Stuhlbeinsägen, Intrigieren und Radfahren bis zur Industriespionage sind deutliche Anzeichen für eine solche Diskrepanz. Ganzheitliche Unternehmensführung ist ein Instrument, das durch den Konsens zwischen persönlichen und unternehmerischen Zielen die Kräfte des Unternehmens und seiner Mitarbeiter auf gemeinsame Interessen konzentriert.

Grundverhaltensweisen

Die Grundverhaltensweisen (Strategien) Ihres Unternehmens sind Ihr Weg zum Erreichen Ihrer Unternehmensziele. Sie zeigen, welche Merkmale und Eigenschaften in welcher Weise entwickelt, verändert oder gefördert werden müssen. Leitbild und Strategie verhalten sich wie Ursache und Wirkung:

Leitbild: Wer wollen wir sein?
Strategie: Wie wollen wir es werden?

Zielorientierte Kommunikation

Mit der Formulierung Ihrer Unternehmensstrategie beschreiben Sie, welche Verhaltensweisen erforderlich sind, um Sie Ihrem Ziel näher zu bringen oder die Voraussetzungen zu schaffen:

Ziel		Strategie
Preisführerschaft	=	Immer als erster Preissenkungen vornehmen
flächendeckende Präsenz	=	Eine Niederlassung in jedem Dorf einrichten

Die Unternehmensstrategie beschreibt das grundsätzliche Verhalten des Unternehmens gegenüber seinem Markt. Wir wollen sie als Markt-Leistungs-Strategie bezeichnen. Abgeleitet werden daraus die Verhaltensweisen in einzelnen Geschäftsbereichen – die Geschäftsstrategien – und die an Arbeitsbereichen orientierten funktionalen Strategien.

Die Kommunikationsstrategie

Die wichtigste funktionale Strategie ist die Kommunikationsstrategie. In ihr wird festgelegt, mit welchen Verhaltensweisen zur Kommunikation die aus dem Leitbild entwickelten Kommunikationsziele erreicht werden sollen. Sie gibt Antwort auf die Fragen:

- Welche Information soll vermittelt werden?
- Wann ist der geeignete Zeitpunkt?
- Welches Umfeld ist zu berücksichtigen?
- Welche Verfahren sind erforderlich?
- Welche Mittel sollen eingesetzt werden?

Ihre Kommunikationsstrategie schließt alle Personen und Institutionen ein, die direkt oder indirekt mit Ihrem Unternehmen in Verbindung stehen:

- Mitarbeiter und ihre Angehörigen,
- Bewerber und ehemalige Mitarbeiter,
- Mitarbeiter von Lieferanten,
- Interessenten und Abnehmer,
- Mitarbeiter von Finanzdienstleistern,

- Mitarbeiter der öffentlichen Verwaltung,
- Studenten und Wissenschaftler sowie
- Mitarbeiter der Medien.

Als Mitarbeiter, Marktpartner, Kunden oder Öffentlichkeit sind sie alle Bestandteil des Marktes Ihres Unternehmens. Bei der Beschreibung der Grundverhaltensweisen kann die Definition der Zielgruppen zu Schwierigkeiten führen. Jede Information, die das Unternehmen verläßt, wirkt direkt oder indirekt auf mehrere Zielgruppen. Dabei treten zusätzliche Wirkungsketten auf: Ein Angesprochener nimmt eine Information auf, ergänzt, verändert oder verkürzt sie und gibt sie als neue Information an andere weiter. In keinem Kommunikationstraining fehlt das Beispiel von dem Oberst, der eine Information dem Dienstweg anvertraut hat:

Aus der Anweisung, die Soldaten bei gutem Wetter im Hof antreten zu lassen, um eine Sonnenfinsternis zu betrachten, wird nach Durchlaufen der Wirkungskette aller Dienstränge der Befehl, in der Halle anzutreten, weil der Oberst Regen macht.

Bei der Umsetzung jeder Kommunikationsstrategie sollten wir uns bewußt sein, daß Kommunikationsmittel und angesprochene Zielgruppen als Netzwerk wirken, in dem in verschiedenen Richtungen Informationen ausgetauscht werden. Maßnahmen beeinflussen sich gegenseitig, und Kommunikationsmittel wirken fast nie auf eine Zielgruppe allein, sondern immer auf mehrere Gruppen gleichzeitig oder nacheinander. Für den Bereich der Unternehmenskommunikation bedeutet das, daß Informationen in Form von Schriftgut, Bildern, Sprache und Verfahren nur in sehr wenigen Fällen auf eine einzelne, zuvor bestimmbare Zielgruppe wirken. Darüber hinaus können sich Änderungen im Inhalt, in der Aussage und in der Bewertung ergeben, wenn diese Informationen von der ursprünglichen Zielgruppe an andere Menschen weitergegeben werden, für die sie eigentlich nicht bestimmt waren. Was geschieht, wenn der Dienstvertrag in die Hände des Wettbewerbers gerät? Wie reagiert die Presse, wenn sie interne Memoranden über Umweltvergehen zugespielt bekommt? Was denkt ein Großkunde, wenn er zufällig am schwarzen Brett seines Lieferanten die Anweisungen zum strikten Sparkurs liest?

Die folgende Übersicht zeigt, wie die verschiedenen Informationsmittel zielgruppenübergreifend wirken können.

Zielorientierte Kommunikation

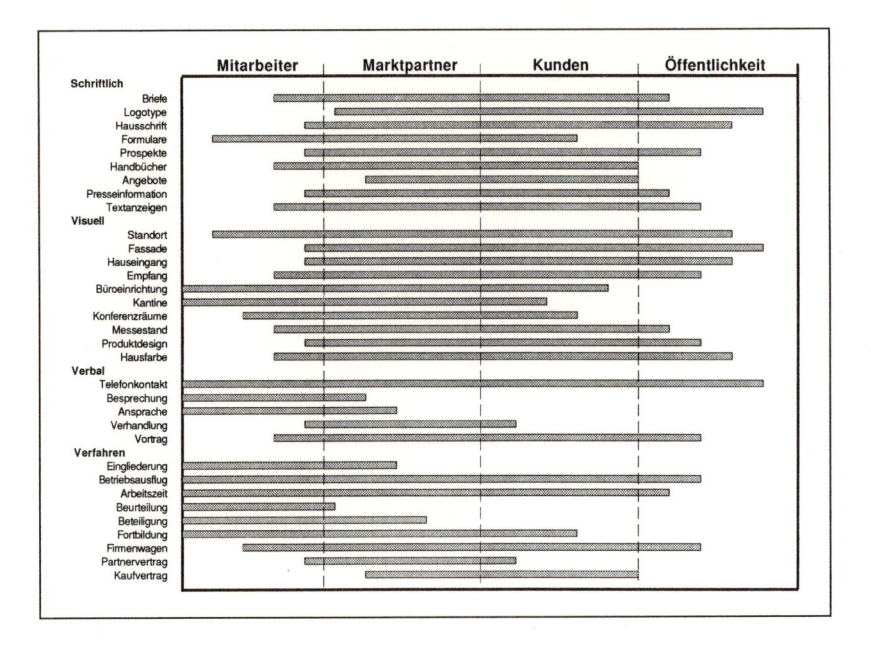

Musterhaft vom Ziel zum Weg

Sehen wir uns am Beispiel eines erfolgreichen Unternehmens an, wie Leitbild, Ziele und Merkmale in Aussagen zur Kommunikationsstrategie umsetzbar sind:

Das Unternehmen wurde vor sechs Jahren gegründet und hat seinen Hauptsitz an der Westküste Nordamerikas. Es entwickelt und produziert Produkte für die individuelle Datenverarbeitung und vertreibt sie überwiegend in Europa über ein dichtes Netz von Fachhändlern. Das Leitbild dieses Unternehmens – seine formulierte Vorstellung von der Zukunft – lautet:

Wir wollen gemeinsam mit unseren Partnern im Markt anspruchsvolle, europäische Lösungen für die individuelle Datenverarbeitung in guter Qualität zu einem günstigen Preis verfügbar machen.

Die daraus abgeleiteten Formulierungen für die wichtigsten Unternehmensziele lauten:

Zielorientierte Kommunikation

- Wir wollen ein europäisch orientierter Anbieter sein.
- Wir wollen der günstigste Anbieter professioneller Produkte sein.
- Wir wollen ein zuverlässiger Partner des Fachhandels sein.

Damit diese Ziele erreicht werden können, muß das Unternehmen über Merkmale und Eigenschaften verfügen, die entweder im Ansatz vorhanden sind und ausgebaut werden können oder neu entwickelt werden müssen:

- Europa-Präsenz für Entwicklung, Produktion und Vertrieb,
- durchgängige Produktlinie zu günstigem Preis,
- qualifizierte, flächendeckende Distributionsorganisation.

Fast zwangsläufig ergeben sich daraus die Grundverhaltensweisen (Unternehmensstrategien), um diese Merkmale gezielt zu fördern:

- Ausbau der europäischen Organisation bis zur Autonomie,
- Investitionen in Maßnahmen zur Steigerung der Produktivität,
- Förderung des Fachhandels als exklusiver Vertriebskanal.

Wenn wir in dieser Reihenfolge Ziele, Merkmale und Grundverhaltensweisen definiert und formuliert haben, dann muß die Kommunikationsstrategie lediglich dafür sorgen, daß über

- das Europa-Engagement im Zusammenhang mit der Entwicklung des europäischen Binnenmarktes,
- die Entwicklung des Preis-/Leistungsverhältnisses im Markt und im Unternehmen und
- die Vertriebspartner als kompetente Lieferanten anspruchsvoller Lösungen für individuelle Aufgaben kontinuierlich informiert wird.

Kommunikationsinhalte und Umsetzung

Mit der Kommunikationsstrategie haben wir verabschiedet, welche Botschaft vermittelt werden soll. Als nächster Schritt folgt die Umsetzung in die verwendeten Verfahren und Mittel. Die Aussage soll immer die gleiche sein – ob ein Arbeitsvertrag formuliert, ein Schulungsort ausgewählt, ein Produkt gestaltet oder ein Mäzenat übernommen wird. Der Informationsgehalt muß unabhängig vom jeweiligen Kommunikationsmittel identisch sein. Er vermittelt die Merkmale, Eigenschaften und Leistungen unseres Unternehmens gegenüber seinem Markt.

Zielorientierte Kommunikation

```
                    Merkmale
                   Eigenschaften
                    Leistungen
```

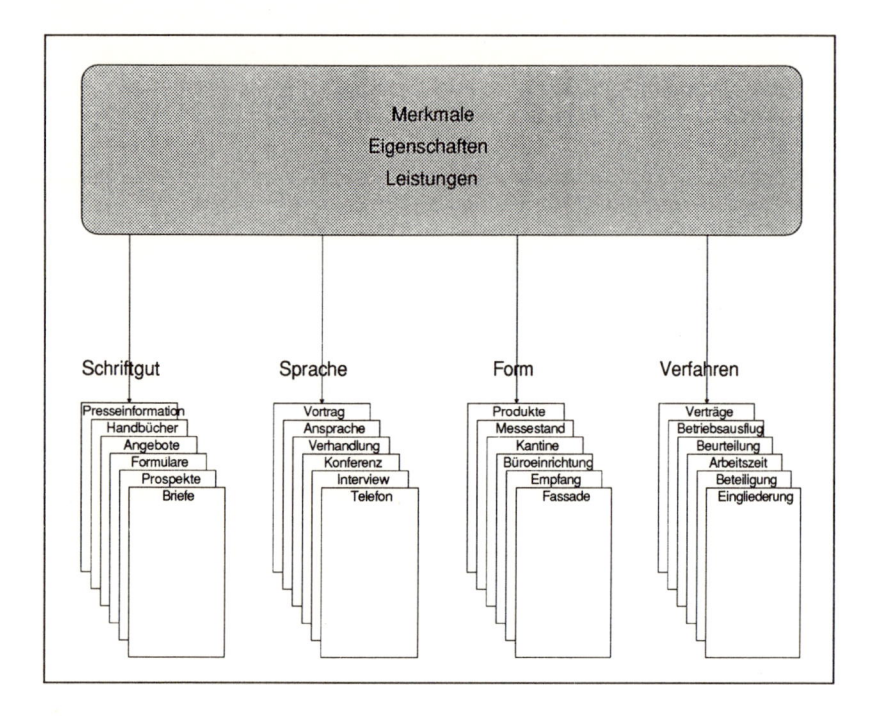

Schriftgut	Sprache	Form	Verfahren
Presseinformation	Vortrag	Produkte	Verträge
Handbücher	Ansprache	Messestand	Betriebsausflug
Angebote	Verhandlung	Kantine	Beurteilung
Formulare	Konferenz	Büroeinrichtung	Arbeitszeit
Prospekte	Interview	Empfang	Beteiligung
Briefe	Telefon	Fassade	Eingliederung

Die Übereinstimmung von Form, Inhalt und Aussage ist deshalb besonders wichtig, weil Menschen grundsätzlich die verschiedenen Informationsarten zusammenfassen, um zu einer eindeutigen Aussage zu gelangen. Paßt jedoch ein Detail nicht in das Bild, verliert auch der Rest an Glaubwürdigkeit. Die Umsetzung der gewünschten Kommunikationsinhalte erfordert deshalb Fingerspitzengefühl und Wissen über Zusammenhänge und Analogien.

Übertragen wir diese Zusammenhänge auf die Marktkommunikation eines Unternehmens:

Ein Hersteller ist durch die hohe Qualität seiner Produkte zum Marktführer eines ausgewählten Segmentes geworden. Diese Position soll gehalten und ausgebaut werden. Als besondere Merkmale sollen Stabilität und Kontinuität in einem Markt mit lebhafter Veränderung der Anbieterszene entwickelt werden. Die Kommunikationsstrategie beschreibt als wichtigste Inhalte:

Zielorientierte Kommunikation

- Qualität,
- Stabilität und
- Marktführerschaft.

Greifen wir die Qualität als einzelnes Merkmal heraus. Soll sie konsequent und überzeugend kommuniziert werden, so muß sie in allen Kommunikationsverfahren und -mitteln höchste Priorität genießen. Das erfordert:

- hochwertiges Papier für Briefbögen, Prospekte, Formulare und Produktbeschreibungen,
- eine Telefonzentrale, die immer mit dem richtigen Gesprächspartner verbindet,
- Qualitätsmöbel in den Büros,
- fehlerfreie Briefe und Angebote,
- kurze, effiziente Besprechungen und Meetings,
- richtige, vollständige und aktuelle Produktbeschreibungen,
- Mercedes als Firmenwagen,
- umfangreiche Aus- und Weiterbildung für Mitarbeiter und Marktpartner.

Gerade bei diesem Beispiel ist die Übereinstimmung interner Verfahren und Verhalten mit dem nach außen kommunizierten Anspruch besonders wichtig. Sonst heißt es schnell: »Außen hui, innen Pfui!«

Wenn Sie bei der Umsetzung Ihrer Ziele Schwierigkeiten haben, hilft es in vielen Fällen, wenn Sie sich fragen, wie ein Verhalten, eine Methode oder ein Verfahren wohl auf Sie selbst wirken würde, wenn Sie in der Situation des Empfängers der Botschaft wären. Sie müssen nur ehrlich sein.

Die Bestandsaufnahme

Jedes Unternehmen, das schon seit einigen Jahren am Markt operiert, kommuniziert mit ihm. Möglicherweise ist der Führung nicht vollständig bewußt, auf wie vielen Wegen Informationen mit dem Markt ausgetauscht werden. Meistens sind Kommunikationsmittel und -verfahren jedoch im Laufe der Zeit entstanden oder entwickelt worden. Nicht alle entsprechen in ihrer Form und Ausprägung der in der Kommunikationsstrategie formulierten Zielsetzung. Zur Ermittlung des Istzustandes erfassen und bewerten wir alle schriftlichen, mündlichen, visuellen und formalen Kommunikationsverfahren des Unternehmens. Dabei untersuchen wir:

- Schriftstücke, Dokumente, Formulare und Drucksachen, die intern oder extern zum Informationsaustausch dienen,
- den internen Gesprächsstil, die mündliche Kontaktaufnahme nach außen und die im Haus verwendete Terminologie,
- Art, Form und Farbe visueller Marken, Gegenstände und Einrichtungen,
- Organisationsverfahren, Bearbeitungsprozesse, Richtlinien und Vorschriften interner und externer Vorgänge.

Als Ergebnis der Bestandsaufnahme erhalten wir in tabellarischer Form die aktuelle Ausprägung der gewünschten und erforderlichen Form. In gleicher Form werden alle Kommunikationsverfahren bewertet. Das Ergebnis mag für manchen Chef ein Schock sein: Wünsche, Ziele und Realität sind leider sehr oft weit voneinander entfernt. Dabei tröstet es wenig, daß das bei anderen Unternehmen ebenso ist. Wichtig bei diesem Prozeß der Bestandsaufnahme ist, daß er das Bewußtsein für Kommunikationswirkungen weckt und stärkt. Selbst wenn danach keine direkte Aktion erfolgt, hilft das Wissen um die Kommunikationsfunktion, Fehler zu vermeiden und Stärken auszubauen.

Aktionsplan und Terminierung

Die Tabellen der Bestandsaufnahme sind das Ausgangsmaterial für den nächsten Arbeitsschritt. Das Kommunikationsverhalten eines Unternehmens läßt sich nicht von heute auf morgen ändern. Bei allen Kommunikationsmitteln, die nach außen gerichtet sind, wäre es theoretisch möglich. Wenn wir uns jedoch daran erinnern, daß nur der kleinste Teil der Informationen, die über ein Unternehmen an seine Umwelt gelangen, der Kontrolle durch Pressestelle und Werbeabteilung unterworfen sind, wissen wir, daß die Veränderungen von innen heraus erfolgen müssen. Sie sollten jeweils in ihrer Auswirkung auf das ganze Unternehmen bewertet und behutsam durchgeführt werden – die Beteiligten sind schließlich Menschen und keine Computer, bei denen der Output mit einem Kommando geändert werden kann.

Für jede Maßnahme sind folgende Fragen zu beantworten:

- Was ist zu ändern?
- Wie wirkt sich die Änderung aus?
- Wie schnell tritt die Wirkung ein?
- Welcher Aufwand ist erforderlich?
- Welche Ressourcen werden benötigt?
- Welches Verfahren ist verwendbar?
- Wer soll zuständig sein?
- Wann soll die Maßnahme abgeschlossen sein?

Zielorientierte Kommunikation

Anschließend werden aus den Antworten die Prioritäten der einzelnen Maßnahmen ermittelt. Als Ergebnis entstehen für jeden Kommunikationsbereich Aktionspläne, die projektmäßig beschreiben, wie die Umsetzung der Vorgaben aus Leitbild und Kommunikationsstrategie erfolgen soll.

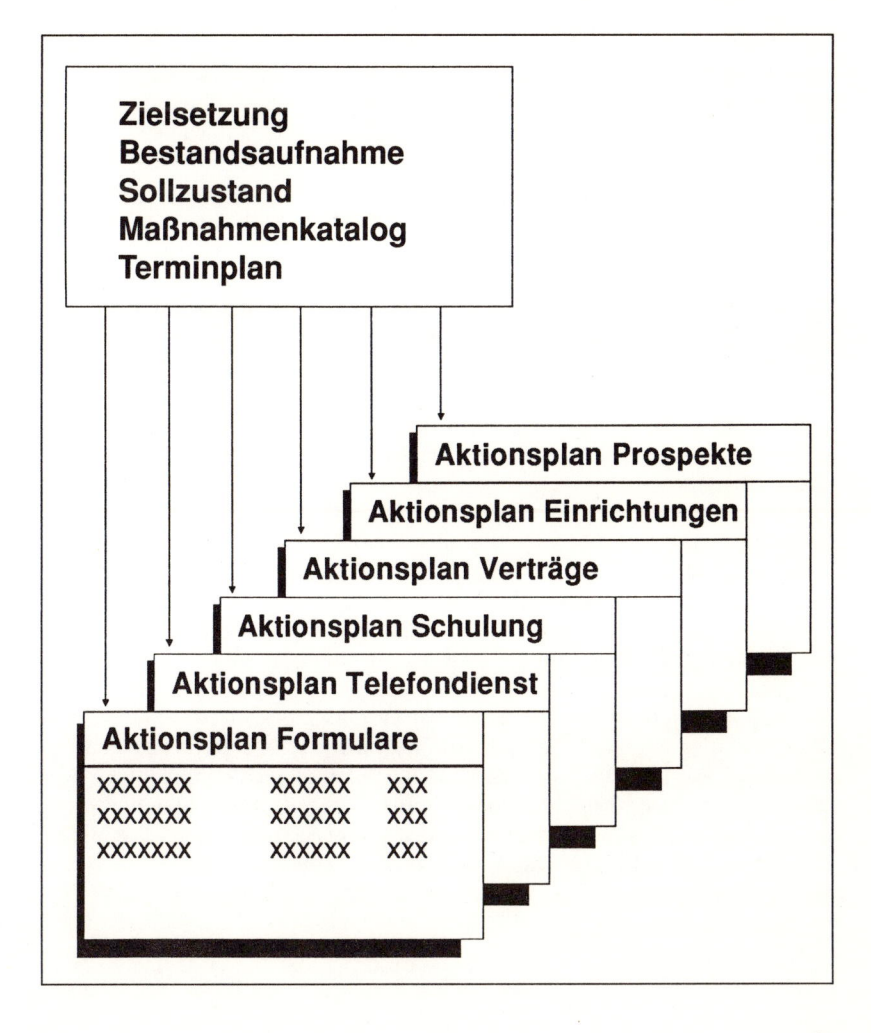

Zielsetzung
Bestandsaufnahme
Sollzustand
Maßnahmenkatalog
Terminplan

- Aktionsplan Prospekte
- Aktionsplan Einrichtungen
- Aktionsplan Verträge
- Aktionsplan Schulung
- Aktionsplan Telefondienst
- Aktionsplan Formulare

xxxxxxx	xxxxxx	xxx
xxxxxxx	xxxxxx	xxx
xxxxxxx	xxxxxx	xxx

Für die Durchführung der Einzelmaßnahmen sind Mitarbeiter der betroffenen Bereiche zuständig. Die Gesamtverantwortung sollte bei der Geschäftsführung liegen.

Vermittlung und Implementierung

Kommunikation ist der Austausch von Informationen zwischen Menschen. Wenn Mitarbeiter seit vielen Jahren in einer bestimmten Weise mit ihrer Umwelt kommuniziert haben, müssen sie verstehen und akzeptieren, warum sie auf einmal ihr Verhalten ändern sollen. Auch hier hilft uns wieder ein altes Sprichwort weiter: »Wie der Herr, so das Gesinde...« Es stammt zwar aus feudalistischen Zeiten, trifft jedoch in gleicher Weise auf den Boss und seine Mitarbeiter zu. Wenn er sein Kommunikationsverhalten nicht ändert, werden seine Mitarbeiter ihm nacheifern.

Die Mitarbeiter sollen also verstehen, warum neue Verfahren und Methoden eingeführt werden. Das meiste Verständnis entsteht, wenn sie in den Prozeß der Zielformulierung einbezogen waren. Das ist eine Aufgabe strategischer Führung. Spätestens bei der Bestandsaufnahme erfahren sie ohnehin, daß Veränderungen ins Haus stehen. Und bei der Erstellung der Aktionspläne sollte keine Unternehmensführung auf die Mitarbeit der Beteiligten und Betroffenen verzichten.

Bevor die ersten Anweisungen, Formulare und Pläne herausgegeben werden, sollte die Zielsetzung und der Weg dorthin – also Leitbild und Kommunikationsstrategie – allen Mitarbeitern, allen Marktpartnern und vielleicht sogar einzelnen Kunden vorgestellt und erläutert werden. Ihre Akzeptanz ist die wichtigste Voraussetzung für die erfolgreiche Durchführung.

Sind alle Beteiligten informiert und haben sie die Zielsetzung akzeptiert, kann die Umsetzung beginnen. Sie sollte projektmäßig nach einer Prioritätenliste organisiert werden. Dazu gehört, daß alle Beteiligten in regelmäßigen Abständen zusammentreffen, um über ihre Erfahrungen zu berichten und möglicherweise entstandene Schwierigkeiten gemeinsam zu lösen. Teil dieser Realisierungsphase ist auch die Kontrolle der Resonanz im Markt, bei Mitarbeitern, Marktpartnern, Kunden und der Öffentlichkeit. Die praktische Umsetzung umfaßt:

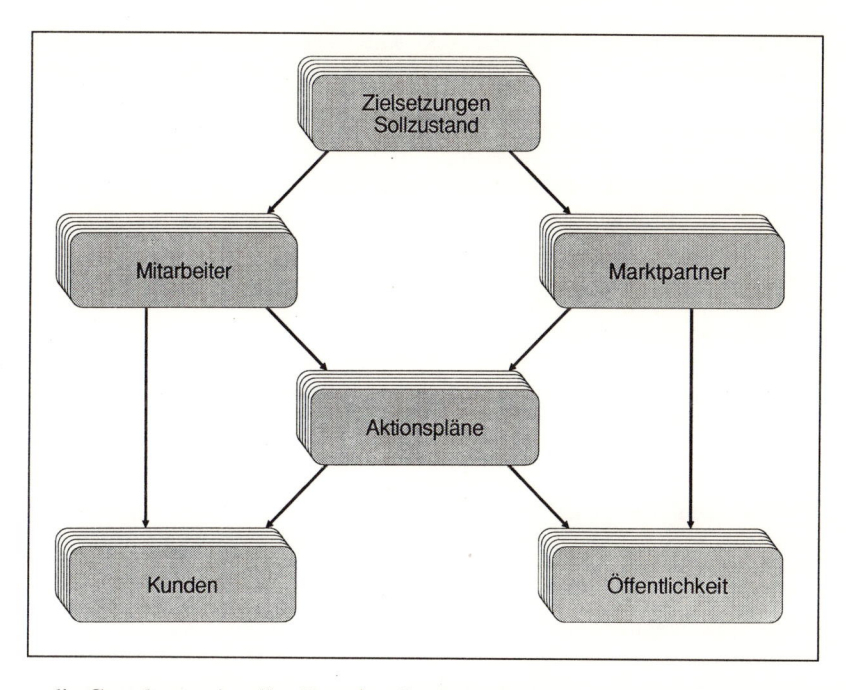

Zielorientierte Kommunikation

```
              ┌──────────────┐
              │ Zielsetzungen│
              │  Sollzustand │
              └──────────────┘
              ↙              ↘
   ┌──────────┐              ┌──────────────┐
   │Mitarbeiter│              │ Marktpartner │
   └──────────┘              └──────────────┘
         ↘      ┌──────────┐    ↙
              │Aktionspläne│
              └──────────┘
              ↙              ↘
   ┌──────────┐              ┌──────────────┐
   │  Kunden  │              │ Öffentlichkeit│
   └──────────┘              └──────────────┘
```

- die Gestaltung visueller Kommunikationsmittel,
- die Formulierung von Darstellungen und Aussagen,
- die Schulung und das Training der Mitarbeiter,
- die Auswahl geeigneter Bezugsquellen,
- die Abstimmung mit Lieferanten und Auftragnehmern.

Als Ergebnis sollte das verabschiedete Kommunikationsverhalten überprüfbar vom Unternehmen, seinen Bereichen, Abteilungen und Mitarbeitern sowie den Marktpartnern angewandt werden.

Pflege und Aktualisierung

»Nichts ist beständiger als der Wandel.« Menschen werden älter und (meistens) reifer; Unternehmen wachsen und schrumpfen; allgemeine Wertmaßstäbe verschieben sich. Das in den letzten Jahren explosiv gewachsene Umweltbewußtsein stellt zahllose Unternehmen vor ernsthafte Schwierigkeiten, weil sie nie damit gerechnet haben, eines Tages über ihre Einflüsse auf unsere Umwelt Rechenschaft ablegen zu müssen.

Zielorientierte Kommunikation

Ein Unternehmen, das nicht will, daß die Karawane an ihm vorüber zieht, muß seinen Markt – seine Umwelt – kontinuierlich und gewissenhaft beobachten:

- Wie verändert sich das Wissen?
- Welche Wertbegriffe ändern sich?
- Welche Bedürfnisse sind befriedigt?
- Welche neuen Bedürfnisse erwachsen?
- Welche Eigenschaften werden gefordert?
- Welche Technologien entwickeln sich?
- Welche neuen Anwendungen entstehen?
- Welche Wettbewerber treten auf?

Zusätzlich sollte ein Unternehmen im Sinn langfristiger Stabilität und Kontinuität sensibel auf Veränderungen im Unternehmen selbst achten:

- Welche Auswirkungen haben Wachstum oder Schrumpfung?
- Welche Einflüsse gehen von Fusionen, Aufkäufen und Kooperationen aus?
- Welche Veränderungen ergeben sich in der Altersstruktur des Unternehmens?
- Ändert sich die Qualifikation der Mitarbeiter?
- Wie entwickeln sich die Fluktuation und der Krankheitsstand?

Gravierende Änderungen im Unternehmen oder in seiner Umwelt können erfordern, daß die Zielrichtung – das Leitbild – neu formuliert werden muß. Das bedeutet auch, daß die grundsätzlichen Verhaltensweisen zur Erreichung des Zieles überprüft und angepaßt werden müssen. Auch wenn die langfristige Zielsetzung des Unternehmens unverändert bleibt, sollten Verfahren, Methoden und Verhaltensweisen veränderten Rahmenbedingungen angepaßt werden.

Ein grundsätzliches Mißverständnis des Verhältnisses zwischen Unternehmen und Markt sollten wir ausräumen: Wenn der Markt eines Unternehmens seine Wertvorstellungen ändert, genügt es nicht, nach außen hin anders aufzutreten. Spätestens zu diesem Zeitpunkt muß die Führung eines Unternehmens sich darüber Gedanken machen, ob die ursprünglich definierte und formulierte Zielsetzung mit dem Anspruch des Marktes zu vereinbaren ist. Die chemische Industrie weiß, wovon ich spreche:

Das ursprüngliche Ziel bestand darin, die Produktion von Lebensmitteln durch den Einsatz von Pflanzenschutzmitteln zu verbessern. Also war es legi-

Zielorientierte Kommunikation

tim und gewünscht, chemische Erzeugnisse zu entwickeln, zu produzieren und zu vertreiben, die den Schutz der »Nutzpflanzen« in den Vordergrund stellten.

Inzwischen hat der Schutz von Umwelt und Natur einen weitaus höheren Stellenwert erhalten als die Produktion von Nahrungsmitteln. Entsprechend muß auch die Zielsetzung der chemischen Industrie verändert werden: Gefordert sind Produkte, die die Landwirtschaft als Bestandteil des natürlichen kybernetischen Systems betrachten, das nach Möglichkeit gestärkt und gefördert werden soll.

Speziell in diesem Fall ist es völlig unzureichend, wenn die chemische Industrie sich das Image »umweltfreundlich« zulegen will, ihre Zielsetzung und ihre Verhaltensweisen jedoch nicht grundlegend verändert. Die Folgen sind unübersehbar: Die Glaubwürdigkeit der chemischen Industrie ist in der Öffentlichkeit noch unter den Wert von Politikern gesunken. Und das will schon etwas bedeuten.

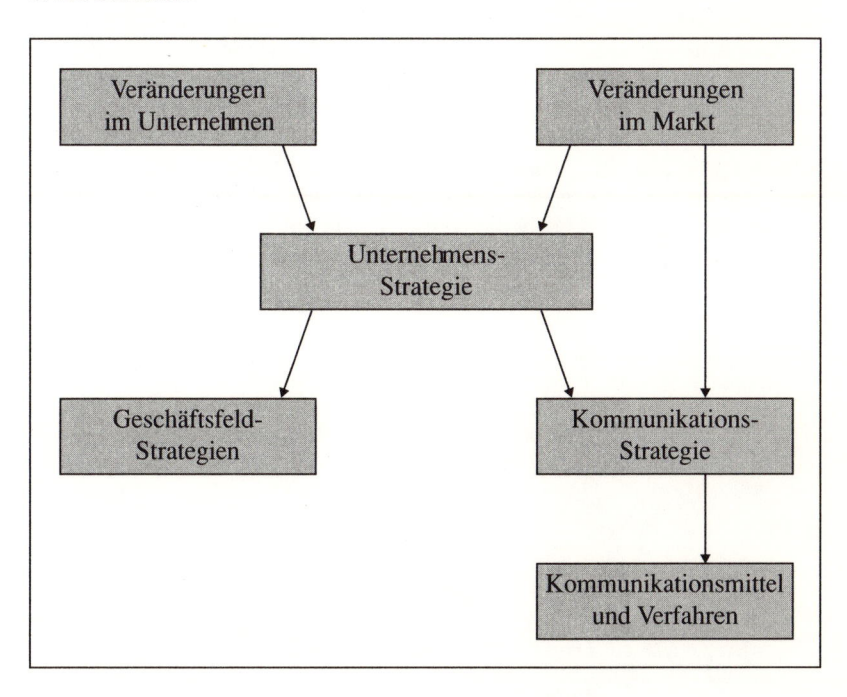

```
┌─────────────────┐           ┌─────────────────┐
│  Veränderungen  │           │  Veränderungen  │
│  im Unternehmen │           │    im Markt     │
└────────┬────────┘           └────────┬────────┘
         │                             │
         └──────────┐       ┌──────────┘
                    ▼       ▼
              ┌──────────────────┐
              │  Unternehmens-   │
              │    Strategie     │
              └──┬────────────┬──┘
                 │            │
      ┌──────────┘            └──────────┐
      ▼                                  ▼
┌─────────────────┐           ┌─────────────────┐
│  Geschäftsfeld- │           │ Kommunikations- │
│   Strategien    │           │    Strategie    │
└─────────────────┘           └────────┬────────┘
                                       │
                                       ▼
                              ┌─────────────────────┐
                              │ Kommunikationsmittel│
                              │    und Verfahren    │
                              └─────────────────────┘
```

Zielorientierte Kommunikation

Das Ansehen eines Unternehmens entwickelt sich aus seiner Identität. Sie ist die Summe der Identitäten aller Mitarbeiter. Es ist unsinnig zu erklären, man müsse sich eine neue Identität zulegen, weil der Markt es fordert – es sei denn, das Unternehmen entläßt alle Mitarbeiter und stellt eine völlig neue Mannschaft zusammen. So läßt sich auch das Image nicht per Verordnung ändern. Es ist das Ergebnis des Verhaltens des Unternehmens und seiner Mitarbeiter gegenüber dem Markt. Ändert sich das Verhalten, weil die Ziele neu formuliert sind, geht damit auch ein Wandel im öffentlichen Ansehen einher.

Für das Kommunikationsverhalten des Unternehmens ist wichtig, daß Änderungen in der Zielsetzung des Unternehmens in die Verfahren, Formen und Methoden zur Kommunikation mit dem Markt einfließen. Auch neue Wege zur Erreichung der gesetzten Ziele haben Einfluß auf die Unternehmenskommunikation.

Die kontinuierliche Pflege und Aktualisierung der Verfahren des Unternehmens zur Kommunikation mit seinem Markt bedeutet, daß Geschäftsführung und beteiligte Mitarbeiter in regelmäßigen Abständen oder bei aktuellen Anlässen das Kommunikationsverhalten der Entwicklung anpassen. Der langfristige Markterfolg basiert auf einem Vertrauensverhältnis zwischen Unternehmen und Markt. Vertrauen entwickelt sich, wenn die kommunizierten Merkmale, Eigenschaften und Leistungen mit der Realität im Unternehmen übereinstimmen. Mit der Ausrichtung der Verfahren und Aussagen zur Marktkommunikation an den Unternehmenszielen entsteht die abgerundete Unternehmenspersönlichkeit, die vertrauensvoll mit ihrer Umwelt kommuniziert und gelassen dem Wettbewerb der kommenden Jahre entgegensieht.

Kapitel 3 Marktkommunikation in der Praxis

Nicht alle Theorie ist grau. Die praktische Anwendung der gewonnenen Erkenntnisse aus der Art, wie Menschen Informationen aufnehmen, verarbeiten und weitergeben, bietet Ihnen die Chance, die Position Ihres Unternehmens im Wettbewerbsumfeld nachhaltig zu stärken und zu verbessern:

- Sie positionieren Ihr Unternehmen als unverwechselbare Persönlichkeit in Ihrem Markt.
- Sie steigern die Produktivität Ihrer Mitarbeiter durch eine bessere Kommunikation in Ihrem Haus.
- Sie vervielfachen Ihre Kommunikationswirkung, ohne eine Mark mehr auszugeben.

Ideal wäre es natürlich, wenn Sie den kompletten Prozeß zur Ausrichtung des Kommunikationsverhaltens, wie er in Kapitel 2 beschrieben wurde, von Anfang bis Ende durchlaufen könnten. Wenn Sie dann noch in regelmäßigen Abständen überprüfen, ob Ihre Verfahren und Methoden noch markt- und zeitgerecht sind, ist Ihr Erfolg programmiert.

Gute, systematische Arbeit kostet allerdings Zeit. Rechnen Sie für einen Betrieb mit ca. 100 Beschäftigten in einer Hauptverwaltung und einigen Geschäftsstellen mit rund einem Jahr, bis die Umsetzung abgeschlossen ist. Auch danach wird es voraussichtlich noch einige Monate bis Jahre dauern, bis Ihre Mitarbeiter Ihre neuen Verfahren und Methoden vollständig übernommen haben und anwenden. Aber der Aufwand lohnt sich.

Sie können natürlich auch die Politik der kleinen Schritte einsetzen. Ihre tägliche Kommunikation mit Ihrem Markt bietet bestimmt Gelegenheiten, etwas besser als bisher zu machen. Auf den folgenden Seiten finden Sie kritische Analysen zahlreicher einzelner Kommunikationsmaßnahmen. In Verbindung mit den Checklisten am Ende des Buches sollen sie Ihnen Anregungen vermitteln, welche Wirkung von ihnen ausgeht und wie sie mit relativ wenig Aufwand verbessert werden können.

Vor einem möchte ich Sie jedoch warnen: Wenn das Ziel Ihres Unternehmens und der grundsätzliche Weg dorthin noch nicht verbindlich festgelegt und formuliert wurden, bleibt auch die Ausrichtung der Kommunikation Flickwerk.

Jeder Mitarbeiter Ihres Hauses wird sein Bestes geben, um seine Persönlichkeit zu vermitteln, aber der Zusammenhang, der das Bild Ihres Unternehmens ergibt, fehlt. Ein Puzzle wird hergestellt, indem ein vollständiges Bild in Teile zerlegt wird. Sie passen zusammen. Ohne Leitbild und Strategie werden Ihre Mitarbeiter versuchen, aus den Teilen zahlloser Puzzles ein Bild zu formen. Ein vergebliches Unterfangen.

Schriftliche Kommunikation

»Was Du schwarz auf weiß besitzt, kannst Du getrost nach Hause tragen.« Seit zwanzig Jahren sprechen die Organisationspäpste vom papierlosen Büro der Zukunft, doch jedes Jahr entfernen wir uns etwas weiter davon. Während der Verbrauch an Hygienepapieren in den letzten fünf Jahren um kümmerliche 1,5% pro Jahr stieg, legten Druck- und Schreibpapiere jedes Jahr um fast 5% zu. Die Entsorgung von Schriftgut dürfte eine der zukunftsträchtigsten Dienstleistungen werden.

Bedrucktes oder beschriebenes Papier verfolgt uns überall: Ob es die Schriftform ist, in der Vertragsänderungen vorliegen müssen, ob es der Ausdruck des Bildschirminhaltes ist, der in die Ablage wandert, oder ob es der Vordruck zur Anforderung des Antrages zur Verhinderung der Zustellung unerwünschter Werbebriefe ist – ohne schriftliche Information ist unser Geschäftsleben nicht mehr vorstellbar.

Der überwiegende Teil der formellen Unternehmensinformation erfolgt schriftlich. Zum Schriftgut gehören:

- Formulare und Vordrucke,
- Briefe,
- Prospekte und Broschüren,
- Beschreibungen und Anleitungen,
- Angebote,
- Verträge und Abkommen,
- Presseinformationen.

Wenn wir Gedanken, Meinungen und Wünsche schriftlich niederlegen wollen, formulieren wir unter Verwendung unseres Wortschatzes nach vereinbarten Regeln Ausdrücke oder Sätze und schreiben sie nieder. Aus dem geschriebenen Text entsteht ein Schriftstück, bei dem – neben dem sachlichen Inhalt – die Gestaltung auf den Leser wirkt. Gestaltende Elemente beim Aufbau eines Schriftstückes sind der Seitenaufbau – das Layout – und die verwendete Schrift. Zum Seitenlayout gehören:

- Papierformat,
- Seitenränder und
- Spaltenaufteilung.

Sie bestimmen den rein formalen Seitenaufbau. Die Wirkung auf den Betrachter ergibt sich darüber hinaus aus der Anordnung des Textes und möglicher Abbildungen auf dieser Seite. Dafür gibt es einige zum Teil sehr alte Regeln, die zum Basiswissen jedes Grafikers, Gestalters und Künstlers gehören:

- Der goldene Schnitt, den ein Rechenverfahren für ein als ausgeglichen empfundenes Verhältnis von Breite zur Höhe einer Seite liefert (das DIN A-Format ist ein Ergebnis),
- die optische Mitte einer Seite, die immer etwas über der geometrischen Mitte liegt,
- der Zwischenraum zwischen zwei Spalten oder zwei gegenüberliegenden Seiten, der möglichst dem Seitenrand entsprechen sollte.

Eine Seite, die nach diesen Regeln aufgebaut ist, wird wenig Aufregung verursachen – weder im positiven noch im negativen Sinn. Sie bietet jedoch weiten Raum für eine mehr oder weniger kreative Ausgestaltung.

Eine sehr klare, übersichtliche Anordnung ergibt sich bei der Verwendung eines Rasters, das die Seite in feste Bereiche unterteilt. Die damit verbundene Statik erleichtert den Überblick bei komplexen Darstellungen und strukturierten Informationen. Wir finden diese Anordnung überwiegend bei Formularen und Vordrucken, aber auch in technischen Handbüchern, Geschäftsberichten und Unternehmensdarstellungen.

Mehr Dynamik vermittelt ein unkonventioneller Seitenaufbau, bei dem mit gezielten optischen Schwerpunkten ein bestimmtes Leseverhalten gefördert werden soll. Textanzeigen, Prospekte und Werbebriefe verwenden diese Gestaltungsmöglichkeiten. Sie sollten dem Fachmann und der Fachfrau vorbehalten sein, denn sonst wirkt die vermeintlich kreativ gestaltete Seite eher chaotisch und verhindert die Aufnahme des Inhaltes.

Das zweite Element zur Gestaltung eines Schriftstückes ist die verwendete Schrift. Sie erlaubt vielfältige Variationen durch die Wahl zwischen:

- Schriftarten (Antiqua, Schreibschriften, gebrochene Schriften),
- wechselnden Schrifttypen (gewöhnlich, halbfett, fett, kursiv),
- Schriftgraden (Höhe in Punkten),
- Schriftweiten (eng, gesperrt) und
- Durchschüssen (Zeilenzwischenraum).

Auch für die Verwendung von Schriften gibt es Regeln, die sich an menschlichen Gewohnheiten und Empfindungen orientieren. So sollte die Auswahl und Kombination verschiedener Schrifttypen, -arten und -größen nicht am technisch Machbaren, sondern am ästhetischen Eindruck orientiert sein. Das Wissen über Wirkung und Einsatz von Schriften ist ein gewichtiger Bestandteil der Ausbildung für Fachleute des grafischen Gewerbes. Ohne diese Kenntnisse führt die ungehemmte Nutzung der Möglichkeiten eines Seitengestaltungsprogrammes für Mikrocomputer zu erschreckenden Ergebnissen.

Jedes Schriftstück, das erstellt wird, wirkt durch die Einheit von Inhalt und Gestaltung. Sie vermittelt die Art der Beziehung zwischen Ersteller und Empfänger oder zwischen Verkäufer und Käufer. Unser Wirtschaftsleben kennt die Begriffe des »Käufermarktes« und des »Verkäufermarktes«: Entweder sind die Käufer in der stärkeren Position und bestimmen, wie die von ihnen gekauften Produkte beschaffen sein müssen, oder die Verkäufer haben das Sagen, weil die Nachfrage das Angebot übersteigt. Auch bei Schriftgut gibt es einen »Käufermarkt« und einen »Verkäufermarkt«. Schriftstücke, bei denen der Verfasser oder Absender etwas vom Empfänger will, werden (meistens) mit größter Sorgfalt in höchster Qualität entworfen und produziert. Bei Schriftstücken hingegen, die der Empfänger benötigt, um etwas zu erreichen oder zu erhalten, wird der Aufwand (häufig) auf das absolut notwendige Mindestmaß beschränkt. Wie sieht Ihre persönliche Erfahrung aus?

Käufermarkt	Verkäufermarkt
Volksbefragung	Steuererklärung
Briefe an Kunden	Briefe an Lieferanten
Antwortkarte	Garantieanforderung
Werbeprospekt	Wartungshandbuch
Angebot	Rechnung
Presseinformation	Geschäftsbedingungen
Verkaufswettbewerb	Reisekostenabrechnung
Stellenangebot	Urlaubsantrag

Wird der Empfänger einer schriftlichen Information als potentieller Käufer einer Ware, einer Leistung oder eines Angebotes eingestuft, wird das Layout raffiniert ausgefeilt, der Text sorgfältig formuliert, ansprechend angeordnet und in guter Qualität gedruckt. Ist er »nur« jemand, der etwas abliefern soll oder lästige Wünsche hat, werden Gestaltung und Inhalt des Schriftstückes auf den unbedingt notwendigen Informationsgehalt beschränkt.

Marktkommunikation in der Praxis

Irrtümer sind Bestandteil des Systems: Der vermutete Käufer ist ein getarnter Wettbewerber; der Lieferant sucht gerade einen Lieferanten; der Mitarbeiter will kündigen.

In den nächsten Kapiteln wollen wir einen Weg suchen, Informationen in Schriftform etwas unabhängiger vom Typ des Empfängers zu gestalten und damit mehr von der Unternehmenspersönlichkeit zu vermitteln.

Formulare und Vordrucke

Bis zu 90 % des gesamten Schriftverkehrs mancher Unternehmen wird mit Formularen und Vordrucken bestritten – von der Telefonnotiz bis zum Büttenbogen der Geschäftsleitung. Während mit der Gestaltung der »offiziellen« Drucksachen jedoch Designer, Layouter und Grafiker beauftragt werden, entsteht die Mehrzahl sonstiger Formulare eher zufällig und nach Bedarf, weil sie »nur« intern oder bei der Kommunikation mit Lieferanten Verwendung finden. Dabei geht von ihnen allein aufgrund ihrer Menge eine gewichtige Kommunikationswirkung aus. Sollte das nicht ein Grund sein, sie in die Marktkommunikation des Unternehmens einzubeziehen?

Die Umsetzung der Identität des Unternehmens in Hausfarbe, Hausschrift, Wort- und Bildmarke beschäftigt eine ganze Branche. Rechnungen, Bestell- und Lieferscheine, Reisekostenabrechnungen, Telefonnotizen und Berichtsformulare hingegen werden von der Buchhaltung, dem Sekretariat oder dem Sachbearbeiter selbst mit viel Kreativität und noch mehr Tipp-Ex entwickelt, getippt, gemalt, gerubbelt, geschnippelt und geklebt. Das Ergebnis ist nicht schön und auch nicht selten, überlebt seine Väter jedoch in der Regel, weil Provisorien dauerhaft sind.

Dabei ist der Mehraufwand zur systematischen Gestaltung denkbar gering: Stehen grundsätzliches Layout, Schrift und Farbe der »offiziellen« Drucksachen fest, müssen für Vordrucke und Formulare lediglich die benötigte Aufteilung und die erforderlichen Zusatzangaben festgelegt werden. Meistens genügen dafür ein paar Linien oder ein anderer Ausschnitt. Die zusätzlichen Druckkosten fallen kaum ins Gewicht und sind mit Sicherheit niedriger als die Kosten der für die individuelle Gestaltung und Ausführung aufgewendeten Arbeitszeit.

Weitaus wichtiger als die Kostenfrage ist jedoch die Kommunikationswirkung. Jedes Schriftstück kommuniziert mit dem Markt des Unternehmens, denn der ist seine Umwelt – vom eigenen Mitarbeiter bis zum Lieferanten der Handtücher. Mitarbeiter reagieren sehr sensibel auf sichtbare Zeichen des Wohlwollens oder der Geringschätzung. Ein Angestellter, der im internen Formularwesen zu einer Nummer degradiert wird, hat Schwierigkeiten, gegenüber der Außenwelt als engagierte Persönlichkeit aufzutreten. Ein Verkäufer, der seinem Kunden als kompetenter Berater bei der Lösung der spezifischen Aufgabenstellung hilft, wird nur mit Widerwillen ein Berichtsformular ausfüllen, das in tabellarischer Form einen lückenlosen Nachweis jeder Viertelstunde verlangt.

Formulare, die offensichtliche Geringschätzung oder Unfähigkeit nach außen tragen, wirken noch verheerender. Der Lieferant für Büromaterial wäre bei Bedarf möglicherweise zum Kunden geworden, wenn ihm nicht durch Bestellvordrucke und Abrechnungsformulare vermittelt worden wäre, wie unbedeutend er als Person ist. Was denkt wohl ein Kunde, wenn er nach allen schönen Briefen, Prospekten und Visitenkarten eine Rechnung ohne Umlaute auf billigem Papier und eine schwache Massenkopie der Betriebsanleitung erhält? Das »Kleingedruckte« eines Unternehmens vermittelt den besten Eindruck von seinem wahren Gesicht. Es ist leichtfertig, diese schlechten Gewohnheiten als »marktüblich« und »allgemein akzeptiert« zu verniedlichen. Das sollte erst recht ein Grund sein, dem allgemeinen Trend nicht zu folgen.

Wie verbreitet dieser Trend leider ist, zeigen die Ergebnisse der Umfrage bei einer repräsentativen Auswahl deutscher Anbieter von Informationstechnik. War es vielleicht das schlechte Gewissen, das einen Teil der angeschriebenen Unternehmen veranlaßte, dieses Material »wegen Vertraulichkeit« gar nicht erst zur Verfügung zu stellen?

Hinweise auf die Akzeptanz eines Formulars durch die anwendenden Menschen lassen sich aus der Sorgfalt der Anwendung ableiten: Sind Felder nachlässig, unleserlich oder unvollständig ausgefüllt, so besteht wenig Zweifel am Widerwillen des Benutzers. Ist dem Papier anzusehen, daß es auf dem Schreibtisch von einer Ecke zur anderen geschoben wurde, als Untersetzer für die Kaffeetasse oder die Wurststulle dienen mußte oder zwischendurch bereits im Papierkorb landete, so hatte der Ausfüller bestimmt nicht viel Freude bei der Bearbeitung. Vielleicht erkannte er aber nur den Nutzen des Formulares nicht?

Stellen Sie sich einfach vor, Sie wären der Benutzer. Dieses Formular soll Sie von allen überflüssigen, redundanten oder vermeidbaren Arbeiten entlasten. Vielleicht läßt sich allein durch die Wahl der Worte in der Anleitung eine höhere Akzeptanz erreichen. Felder, deren Inhalt bereits bekannt oder sehr selten Veränderungen unterworfen ist (das Geburtsdatum), könnten bereits fertig eingesetzt werden. Oder es gibt ein Kästchen für unveränderte Angaben, das nur abgehakt werden muß. Die Finanzverwaltungen haben in dieser Hinsicht durchaus hinzugelernt. Manche Menschen füllen auch lästige Formulare mit der Schreibmaschine aus. Ihre Mühe läßt sich belohnen, indem die Abstände zwischen den Zeilen einem Standard entsprechen. Für die handschriftliche Bearbeitung ist hingegen Platz erforderlich – nicht jeder beherrscht eine Handschrift von zwei mm Höhe.

Manche Formulare zeigen heute noch die Unzulänglichkeiten technischer Verfahren zur Erfassung und Bearbeitung. Andere verlagern Aufwand vom Formularersteller zum Ausfüller. Ziel sollte jedoch sein, allen Beteiligten die Arbeit zu erleichtern und schriftliche Informationen eindeutig zu gestalten.

Lieblos oder gleichgültig gestaltete Formulare und Vordrucke können einen Eindruck vermitteln, der in krassem Widerspruch zum offiziell verkündeten Firmenstil steht. Ein Unternehmen, das seine Formulare als Kommunikationsmittel ansieht, kann damit seine Zuwendung gegenüber seinen Marktteilnehmern nachhaltig unter Beweis stellen. Die Details verraten die Wahrheit.

Briefe

Rund DM 35.– kostet jeder Brief, der formuliert, erfaßt, korrigiert, kuvertiert und versandt wird. Bei durchschnittlich 5.000 Briefen, die ein mittelständisches Unternehmen im Laufe eines Jahres versendet, kumulieren sich die Kosten auf DM 175.000. Während Werbebriefe an Kunden und Interessenten von Profis entworfen, ausformuliert und gestaltet werden, ist die Wirkung der allgemeinen Geschäftskorrespondenz häufig das Zufallsergebnis eines kreativen Verfassers und einer gewissenhaften Sekretärin. Ohne besonderen zusätzlichen Aufwand könnte jedoch jeder Geschäftsbrief zum Werbebrief für das Unternehmen werden. Voraussetzung ist nur, daß jeder Empfänger als Bestandteil des Marktes des Unternehmens angesehen wird. Dann ist jeder Brief ein Mittel zur Kommunikation mit dem Markt.

Ein Werbebrief soll seinen Empfänger veranlassen, sich mit der übermittelten Botschaft auseinanderzusetzen. Damit er den Brief überhaupt liest, setzen Profis die Kernaussage oder eine interessante Frage an den Anfang des Briefes. Ziel ist, die Aufmerksamkeit des Lesers in den ersten vier Sekunden zu fesseln, denn danach sinkt das Interesse rapide. Den gleichen Trick verwenden gute Journalisten und Erfolgsautoren: Die meiste Sorgfalt wird auf die Formulierung der ersten beiden Sätze verwandt.

Jeder Brief vermittelt als Botschaft die besonderen Merkmale des Absenders und sollte entsprechend gestaltet werden. Das bedeutet, daß immer die ersten Sätze bereits die wichtigste Aussage über die Beziehung zwischen Absender und Empfänger enthalten sollten. Einleitungen, Floskeln und warme Worte sind dafür ungeeignet und können an das Ende des Briefes verbannt werden. Es ist auch unerheblich, ob der Empfänger den Brief erwartet oder nicht – seine Lese- und Aufnahmegewohnheiten ändern sich nicht. Die Annahme, der Empfänger wüßte schon, wer man ist und was man will, kann auch als geringe Wertschätzung aufgefaßt werden.

Form und Aufbau eines Geschäftsbriefes sind in einer Norm festgelegt – wir sind schließlich in Deutschland. Zur Form gehört jedoch auch die Qualität, und die ist (leider) nicht genormt. Ein falsch geschriebener Name, ein weggelassener Titel oder eine unvollständige Anschrift vermitteln mehr Information über das Unternehmen als der schönste Vierfarbprospekt. Aber auch Rechtschreibfehler, fehlende oder falsche Interpunktion und mangelhafte Grammatik signalisieren Nachlässigkeit, Unwissenheit oder Geringschätzung – Merkmale, die nicht unbedingt für eine gute Beziehung zwischen Unternehmen und Markt sprechen. Auch wenn der Empfänger »nur« Büromaterial liefert – er ist ein Teil des Marktes des Unternehmens und hat Anspruch auf Wertschätzung und Aufmerksamkeit.

Nicht auf den Inhalt, wohl aber auf die Kommunikationswirkung der Form beziehen sich die Fragen:

- Soll überhaupt ein Brief geschrieben werden?
- Genügt auch ein Kurzbrief oder eine Begleitkarte?
- Wie schnell kann die Antwort erfolgen?

Die Beantwortung dieser Fragen steht in unmittelbarer Verbindung mit der Unternehmenskultur. Wird die Entscheidung über einen Brief davon abhängig gemacht, für wie wichtig der Empfänger gehalten wird, können unerwartete Folgen eintreten. Vielleicht war es wirklich »nur« ein Student, der um Informationen bat. Er könnte in wenigen Jahren als Führungskraft eines anderen Unternehmens darüber entscheiden, wer als Marktpartner in Frage kommt. Vielleicht stammte die Anfrage aber auch vom Chef des Einkaufs, der als Privatmann auftrat, um Informationen ohne den direkten Druck eines Angebotes zu erhalten. Die Entscheidung, überhaupt nicht oder unangemessen zu antworten, kann ein Geschäft verhindern. Sie kann auch einen Eindruck hervorrufen, der konträr zu den Kommunikationszielen des Unternehmens steht.

Auch hier liefert die bereits angesprochene Umfrage interessante Ergebnisse. Mehrere Unternehmen ignorierten die Bitte um Unterstützung völlig. Andere übersandten kommentarlos eine Pressemappe oder einen Stapel Prospekte. Auch angeheftete Notizzettel, Visitenkarten oder Kurzbriefe waren keine Einzelfälle. Angenehm fiel in diesem Umfeld die Antwort von NCR auf: Dem umfangreichen Informationsmaterial war ein freundliches Schreiben beigefügt, in dem zusätzliche Unterstützung angeboten wurde. Einige Unternehmen wollten zwar helfen, konnten es jedoch aus internen Gründen zu diesem Zeitpunkt nicht und baten dafür um Verständnis – auch so läßt sich gute Kommunikation praktizieren. Besonders positiv wirkte in diesem Kreis das Schreiben von Loewe: Der Absender teilte mit, daß das gesamte Material gerade überarbeitet würde und fragte, ob auch halbfertige Ergebnisse von Nutzen wären.

Soll der Schwerpunkt der Botschaft auf Qualität liegen, ist ein Kurzbrief von Zweckform kaum geeignet. Auch wenn das Unternehmen die Antwort auf jede Frage auf seine Fahne geschrieben hat, wird dieses Versprechen mit einem Kurzbrief und dem angehefteten Prospekt kaum eingelöst. Ist jedoch die schnelle, formlose Reaktion ein wichtiges Leistungsmerkmal, kann auch eine handschriftliche Notiz diesem Anspruch genügen. Kritisch wird es, wenn entsprechend dem gewünschten Image ein Brief geschrieben werden müßte, jedoch ein Kurzbrief verwendet wird, weil sonst die Beantwortung zu spät erfolgt, oder wenn das Korrekturlesen aus Zeitgründen entfällt. Dann sollten zunächst interne Verfahren unter die Lupe genommen und im Rahmen einer Ausrichtung des Kommunikationsverhaltens neu definiert und organisiert werden.

Der Brief ist eines der verbreitetsten Kommunikationsmittel. Ihn zielorientiert einzusetzen, bedarf keines Aufwandes, sondern lediglich der Bereitschaft, auf den Empfänger einzugehen und ihn als Persönlichkeit zu schätzen. Bei konsequenter Umsetzung stehen dann plötzlich jedes Jahr DM 175.000 mehr für Marktkommunikation zur Verfügung – ohne eine Mark Mehrausgabe.

Prospekte und Broschüren

Durchschnittlich ein Drittel ihres Werbeetats verwenden die Anbieter von Investitionsgütern für Produktprospekte und Broschüren. Ergänzt werden sie durch Hochglanz-Selbstdarstellungen. Sie sollen potentiellen Abnehmern

Marktkommunikation in der Praxis

vermitteln, wie toll Unternehmen und Produkte sind. Wen aber interessiert das? Jeder Käufer ist als Mensch zunächst sich selbst der Nächste. Er will, daß man sich für ihn, seine Wünsche und seine Vorstellungen interessiert. Erst wenn er erkennt, daß der Lieferant bereit ist, sich ihm zuzuwenden, wird er sein Angebot auf den erzielbaren Nutzen überprüfen. Besser kann ein Unternehmen seine Marktorientierung nicht unter Beweis stellen, wenn bei der Gestaltung jedes Prospektes und jeder Broschüre der Abnehmer und der ihm gebotene Nutzen im Vordergrund stehen.

Die Werbewissenschaft lehrt, daß bei der Ansprache von Interessenten eine ganz bestimmte Reihenfolge eingehalten werden sollte:

- Zuerst muß die Aufmerksamkeit des Abnehmers geweckt werden.
- Dann muß der Abnehmer für das Angebot interessiert werden.
- Anschließend sollte im Abnehmer der Wunsch entstehen, das Angebot anzunehmen.
- Zur Überwindung seiner natürlichen Trägheit sollte der Abnehmer zu einer Handlung veranlaßt werden.

Die professionelle Verkaufstechnik kennt eine ähnliche Reihenfolge für die Kundenansprache:

- Kontakt zum Abnehmer herstellen,
- Bedarf wecken oder transparent machen,
- Lösungsangebot aufzeigen,
- Kaufhandlung veranlassen.

Für einen Prospekt gilt diese Systematik entsprechend. Das bedeutet, daß nach der Herstellung des Kontaktes ein bekannter oder latenter Bedarf angesprochen werden sollte, bevor eine Lösung vorgestellt werden kann.

Die Anbieter von Investitionsgütern, speziell die informationstechnische Industrie, haben jedoch besondere Vorstellungen vom Inhalt eines Prospektes entwickelt: Bis zur letzten Schraube werden alle technischen Daten gnadenlos hineingepackt. Der eventuell noch verbleibende Raum wird mit prächtigen Produktphotos oder anspruchsvollen Konfigurationsdiagrammen gefüllt. So beschreibt der Prospekt in aller Ausführlichkeit, wie die Lösung ausgeführt ist – wofür, bleibt dem Leser überlassen. Liegt das vielleicht daran, daß die Anbieter selbst nicht genau wissen, was ihre Abnehmer eigentlich mit ihrem Produkt anfangen sollen? Oder ist es einfach mangelndes Interesse?

Marktkommunikation in der Praxis

Ein Prospekt soll die Leistung eines Unternehmens für seinen Markt transparent machen. Leistung ist kein Selbstzweck, sondern bedeutet immer Nutzen:

- für Mitarbeiter,
- für Marktpartner,
- für Kunden,
- für die Öffentlichkeit und
- für die Kapitalgeber.

Ein Nutzen ergibt sich, wenn ein Mensch bei der Erfüllung eines seiner Grundmotive ein Defizit empfindet, das durch den Kauf ausgeglichen wird, oder sich vom Erwerb einer Leistung eine bessere Erfüllung verspricht. Grundmotive zum Kaufen sind:

- Sicherheit,
- Anerkennung,
- Gesundheit,
- Wissen,
- Sozialer Kontakt,
- Bequemlichkeit und
- Selbstverwirklichung.

Auf diese sieben Grundmotive läßt sich jeder Kaufentscheid zurückführen. Sie sind auch der Schlüssel zum Interesse des Lesers eines Prospektes: Identifiziert er einen bewußt oder latent vorhandenen Bedarf und erkennt er, daß ihm bei dessen Befriedigung geholfen werden soll und kann, ist er auch bereit, sich mit der angebotenen Leistung auseinanderzusetzen.

Vor der Prospektgestaltung sollte deshalb zunächst die anzusprechende Zielgruppe definiert und ihre spezifische Bedarfssituation ermittelt werden. »Wir lösen Ihre Probleme!« ist überheblich und nichtssagend. Abgesehen davon, daß »Problem« im Ursprung »das Unlösbare« bedeutet, verführt ein solcher Allgemeinplatz zu der Annahme, der Anbieter habe keine Ahnung von der Aufgabenstellung. Die intensive Auseinandersetzung mit den Wünschen des potentiellen Erwerbers einer Leistung dokumentiert nicht nur die Bereitschaft zur Zuwendung. Sie hilft auch, den Ursprung der Wünsche und Erwartungen zu erkennen. Daraus kann ein entsprechendes Angebot zur Erfüllung abgeleitet und in die Leistung oder das Produkt umgesetzt werden.

Professionelle Verkaufstrainer hämmern ihren Teilnehmern ein, daß jedes Merkmal eines Produktes oder einer Leistung erläutert wird mit dem Zusatz: »Das bedeutet für Sie ...«. So sollte auch in einem Prospekt oder einer Broschüre der Nutzen des vorgestellten Produktes oder der Leistung beschrieben werden. Erinnern wir uns an die Zielsetzung, alle Kommunikationsverfahren zur Vermittlung unseres Grundnutzens einzusetzen:

Wenn in unserem Leitbild steht, daß wir unserem Markt Bequemlichkeit wirtschaftlich zugänglich machen wollen, kennen wir damit bereits den Nutzen, der in unserem Prospekt beschrieben sein sollte.

Prospekte und Broschüren werden gezielt für die Öffentlichkeit produziert. Sie können deshalb nicht auf jede individuelle Situation eingehen. Sie können aber durchaus Zuwendung vermitteln, wenn sie den Bedarf der angesprochenen Zielgruppe als Maßstab für die Form der Leistungspräsentation verwenden. Ein Prospekt, der sich auf technische Eigenschaften oder Selbstbeweihräucherung beschränkt, verrät Unsicherheit oder mangelndes Interesse. Und »Friß, Vogel, oder stirb!« ist die Grundhaltung eines Monopolisten, die perfekt kommuniziert wird.

Technische Dokumentationen

Rund DM 700,– kostet jede Seite einer technischen Dokumentation. Auf Gestaltung und Formulierung entfallen weniger als 30% der Gesamtkosten. Sie jedoch prägen den Eindruck, den die Dokumentation bei ihren Benutzern hinterläßt. Er reicht von Begeisterung bis zu tiefster Frustration. Eine gute Dokumentation kann die Verbindung zwischen Lieferant und Abnehmer dauerhaft festigen. Sie muß nur als Kommunikationsmaßnahme angesehen werden und nicht als lästiges Übel. Der zusätzliche Aufwand wird allein durch die verringerten Rückfragen mehr als ausgeglichen.

Jede technische Dokumentation soll den Anwender eines Produktes oder Systems in die Lage versetzen, den größtmöglichen Nutzen daraus zu ziehen. Sie muß deshalb nicht nur aktuell und vollständig sein. Auch an die Qualität werden hohe Ansprüche gestellt. Das gilt vor allem für:

- die äußere Form,
- ein ansprechendes Layout,
- eine klare Strukturierung,
- eine gute Typographie,
- einen verständlichen Text und
- umfangreiche Illustrationen.

Die große Bedeutung technischer Dokumentationen ergibt sich vor allem aus ihrer langen Nutzungsdauer. Ein Prospekt wird gelesen und anschließend abgelegt. Eine Bedienungsanleitung, eine Funktionsbeschreibung oder ein Wartungshandbuch werden immer wieder zur Hand genommen – es sei denn, sie sind so schlecht, daß ihr Gebrauch keinen Nutzen bietet. Dieses Merkmal wird dann leicht auf den Lieferanten und seine Produkte übertragen.

Natürlich muß eine technische Dokumentation richtig, vollständig und aktuell sein. Moderne Werkzeuge zur elektronischen Dokumentationsbearbeitung können hier maßgeblich unterstützen. Bevor jedoch das erste Wort geschrieben und das erste Bild gemalt wird, sollten sich Techniker und Kommunikationsverantwortliche zusammensetzen und festlegen, wer das Dokument in welcher Weise verwenden wird. Daraus entsteht die Beschreibung des Inhaltes: Nicht das technische Wissen des Entwicklers, sondern der Bedarf des Benutzers bestimmt, welche Themen und Daten aufgenommen werden.

Struktur und Gliederung sollten nicht ausschließlich dem Verfasser überlassen werden. Zweckmäßig ist zumindest die Überprüfung durch jemanden, der (noch) nicht sachkundig ist. Auch die Einschaltung eines pädagogisch oder didaktisch vorbelasteten Mitarbeiters kann helfen, das Dokument stärker am zukünftigen Benutzer auszurichten.

Stehen Inhalt und Gliederung fest, folgt die gestalterische Aufbereitung. Es gibt keinen Grund, weshalb eine technische Dokumentation weniger sorgfältig gestaltet und ausgeführt werden soll als das Werbematerial des Unternehmens. Alle Erkenntnisse hinsichtlich der Wirkung von Layout, Typographie und Materialauswahl beziehen sich auf den aufnehmenden Leser und Benutzer und gelten für jedes Schriftgut – vom Geschäftsbericht bis zur Bedienungsanleitung. Verringerter Aufwand an dieser Stelle vermittelt Geringschätzung gegenüber jenem Personenkreis, der als Meinungsbildner entscheidenden Einfluß auf die langfristige Geschäftsentwicklung ausübt.

Die eigentliche Produktion des Inhaltes ist eine Aufgabe für Spezialisten. Nicht jeder Ingenieur und Entwickler ist zugleich ein guter Schriftsteller. Große Unternehmen beschäftigen deshalb bisweilen spezielle technische Redakteure, die das Techniker-Kauderwelsch in verständliche Worte und Texte übertragen. Für mittlere Unternehmen kann dieser Aufwand zu hoch sein. Aber auch sie sollten den erstellten Text von einem Mitarbeiter prüfen lassen, dessen Qualifikation der des zukünftigen Verwenders der Dokumentation möglichst nahe kommt. Für ein gutes Deutsch kann im einfachsten Fall ein Germanistik-Student sorgen, der die Überprüfung gegen eine Aufbesserung seines Taschengeldes gerne durchführt.

Ähnliche Maßstäbe sollten für die verwendeten Abbildungen gelten. Nicht jede Grafik und jede Darstellung, die von Technikern entworfen werden, erfüllen ihre Aufgabe der Unterstützung des unerfahrenen Anwenders. Wenn schon kein professioneller Grafiker eingesetzt wird, sollte jede bildliche Darstellung von einem Außenstehenden auf ihre Verständlichkeit und Übersichtlichkeit überprüft werden. Das mindert nicht die Kompetenz des Erstellers, sondern verbessert seine Akzeptanz.

Ist die Dokumentation formal und inhaltlich fertiggestellt, kann sie produziert werden. Hier ist Sparsamkeit nicht angebracht. Moderne Dokumentationssysteme erlauben ohne zusätzliche Arbeitsschritte die direkte Übernahme von Text und Abbildungen in ein Satzsystem. Die hohe Qualität erleichtert nicht nur die Handhabung. Sie vermittelt auch einen entsprechenden Eindruck vom Unternehmen. Auch Papierqualität und Einband sollten unter Berücksichtigung von Dauer und Intensität der Nutzung ausgewählt werden. Fliegende Blätter haben höchstens dann eine Daseinsberechtigung, wenn permanente Korrekturen und Nachträge das wichtigste Merkmal der Dokumentation sind.

Technische Dokumentationen gelangen in der Regel nach erfolgtem Kaufabschluß zum Einsatz. Nachlässig ausgeführt, zeigen sie, daß das Interesse an den Abnehmern nur bis zum Zahlungseingang besteht und danach schlagartig erlischt. In diesem Fall wird der Käufer darüber nachdenken, wie lange der Lieferant wohl noch existiert. Hochwertige Dokumentationen sind hingegen eine der besten Voraussetzungen für langfristige, vertrauensvolle Beziehungen zwischen Unternehmen und Markt.

Angebote

»Angebote macht bei uns der Computer.« Mit diesem Argument demonstrieren Unternehmen gern die Schnelligkeit und Präzision ihres Angebotswesens. So wichtig diese Merkmale auch sind – eines gerät dabei leicht in Vergessenheit: Jedes Angebot vermittelt den Vorschlag des Unternehmens zur Befriedigung eines Bedarfes, und der ist nicht immer ausschließlich sachlich orientiert. Ein gut gestaltetes und gewissenhaft ausgeführtes Angebot vermittelt einen Eindruck von der Qualität der angebotenen Leistung. Mit dem Bezug auf den Interessenten und auf die gewünschte Leistung, zeigt der Anbieter die Bereitschaft, sich mit den Wünschen des Kunden auseinanderzusetzen und ihn als Marktpartner zu akzeptieren.

Marktkommunikation in der Praxis

Jedes Angebot zur Leistungserbringung wird von einem oder mehreren Menschen gelesen und bewertet, wenn auch der Empfänger eine Firma ist. Das Entscheidungsverhalten dieser Menschen ist überwiegend vom Unterbewußtsein geprägt. Rationale Argumente können zwar bei der Entscheidungsfindung berücksichtigt werden, dienen jedoch mindestens gleich häufig zur Begründung der emotional getroffenen Entscheidung.

Form, Stil, Ausführung und Präsentation eines Angebotes sind deshalb besonders wichtig, weil sie Informationen für das Unterbewußtsein des Empfängers enthalten. Sie zeigen das Maß an Zuwendung, das der Anbieter dem Nachfrager entgegenbringt. Jeder Bezieher einer Leistung gleicht mit dem Erwerb ein Defizit in der Erfüllung seiner Grundbedürfnisse aus. Ein Angebot, das ohne Berücksichtigung der persönlichen Situation des Adressaten nur technische Merkmale und Preise nennt, kann möglicherweise an der Zielsetzung des potentiellen Käufers total vorbeigehen.

Nicht umsonst sind (finanzielle) »Zuwendungen« im Zusammenhang mit Beschaffungsmaßnahmen ein altes und immer wieder aktuelles Thema. Sie sollen das Entscheidungsverhalten positiv im Sinne des Anbieters beeinflussen. Möglicherweise kompensieren sie jedoch nur einen Mangel des eigentlichen Angebotes: Sie bieten dem Empfänger einen Nutzen, der jedoch von zweifelhaftem Wert sein kann. Wenn der Wunsch nach Anerkennung mit der Übergabe eines Schecks erfüllt wird, gewinnt derjenige, der den höchsten Betrag einsetzt. Geld ist jedoch immer nur ein Ersatz für fehlende Zuwendung. Wer Bestechungsgelder zahlt, verhält sich wie ein Vater, der sich mit mehr Taschengeld die Zufriedenheit seiner Kinder erkaufen will.

Nicht jedes Angebot muß als Hochglanzbroschüre oder als umfangreicher Wälzer ausgeführt sein. Jedes Angebot sollte jedoch erkennen lassen, daß der Anbieter sich mit der Aufgabenstellung des Auftraggebers auseinandergesetzt hat. In manchen Fällen kann es taktisch vorteilhaft sein, die erkannten Grundmotive nicht explizit anzusprechen – nicht jeder Kunde verträgt es, wenn sein Lieferant große Unsicherheit als Ursache der Anfrage erkennt und nennt. In diesem Fall sollte der Nutzen, den die gebotene Leistung vermittelt, speziell unter Sicherheitsaspekten formuliert werden.

Besonders bei informationstechnischen Produkten kennt der Anfrager in der Regel seine Aufgabenstellung, verfügt aber nicht über umfangreiche Produktkenntnisse. Aufgabe des Angebotes ist es dann, eine Lösung zu formulieren und sie in konkrete Produkte oder Leistungen umzusetzen. Diese Aufgabe wird nur unzureichend erfüllt, wenn der Interessent mit mehreren Lösungsalternativen konfrontiert wird, ohne sie bewerten oder gewichten zu können. Besser ist in einem solchen Fall, Kompetenz zu zeigen, eine und nur eine Lösung zu präsentieren und damit Sicherheit zu vermitteln.

Ein Angebot zeigt besonders deutlich die Einstellung des Unternehmens gegenüber seinem Markt. Sind die Abnehmer nur Kühe, die gemolken werden sollen, dann genügt ein Preislistenauszug ohne Anschreiben. Betrachtet das Unternehmen seine Kunden jedoch als Marktpartner, so ist das Angebot der erste Beweis des aufrichtigen Interesses. Computer können dabei unterstützen, denn auch Schnelligkeit in der Reaktion ist eine Form der Zuwendung. Sie sollte nicht die einzige sein.

Presseinformationen

Jedes Unternehmen, das schon einmal von Öffentlichkeitsarbeit gehört hat, gibt Presseinformationen heraus. Im Mittel produzieren Unternehmen der informationstechnischen Industrie zwanzig Meldungen pro Jahr; Siemens allein bringt es auf rund 250. Bei rund 500 aktiven Unternehmen dieser Branche sind das jeden Werktag fünfzig Sendungen, mit denen jede Redaktion überflutet wird. Dem Redakteur bleibt nur die Grobsichtung: Alles, was nicht auf den ersten Blick interessant wirkt, kommt in die Ablage (P), der Rest wird auf den wesentlichen Informationsgehalt zurechtgestutzt. Könnte ein Konsens zwischen Industrie und Presse über Sinn und Aufgabe der Presseinformation zur Verbesserung der Situation beitragen?

Zunächst sollte ein grundsätzliches Mißverständnis ausgeräumt werden: »Presseinformation« heißt »Information für die Mitarbeiter der Presse« und nicht »Öffentlichkeitsinformation«. Ziel sollte sein, Journalisten und Redakteure wahrheitsgemäß über Verfahren, Hintergründe und Ereignisse zu informieren. Wofür sie diese Information verwenden, liegt in ihrer Entscheidung. Eine Presseinformation ist somit auch kein (honorarpflichtiger) Beitrag, der nur mit Zustimmung des Autors verändert werden darf. Jede Redaktion wird es daher als Zumutung empfinden, wenn ihr Vorschriften hinsichtlich Umfang, Plazierung und Termin einer Veröffentlichung gemacht werden.

Der Hinweis »Abdruck honorarfrei« hat seine Berechtigung, wenn aus dem Aufbau des Beitrages nicht erkennbar ist, ob es sich um eine allgemeine Presseinformation oder um einen unaufgefordert übersandten Artikel handelt. Ist das Papier jedoch als Presseinformation gekennzeichnet, kann der Hinweis auch als Frechheit aufgefaßt werden.

Wirklich unverschämt ist die (aus dem Anzeigengeschäft stammende) Aufforderung, bei Veröffentlichung drei Belegexemplare zu übersenden. Dies betrifft weniger den organisatorischen und materiellen Aufwand, der von der Redaktion verlangt wird. Schlimmer ist, daß die Verfasser solcher Meldungen wohl annehmen, die Redaktion sei ihnen für die Information zu Dank verpflichtet. Dabei sollten sie sich freuen, wenn die Redakteure aus der Masse verfügbaren Materials ihre Meldung zur Veröffentlichung auswählen. Zu denken gibt dabei, wieviel Bedeutung dem Beleg zugemessen wird: Sollte diesem Personenkreis das eigene gedruckte Wort oder Bild wichtiger sein als die Informierung der Öffentlichkeit?

Fast als kriminell ist zu bezeichnen, wenn der Herausgeber einer »Presseinformation« ihre Veröffentlichung mit finanziellem Druck erzwingen will. Das Anzeigengeschäft trägt wesentlich zur Finanzierung der meisten Medien bei. Macht der Auftraggeber die Schaltung einer Anzeige von der Veröffentlichung eines Werbetextes abhängig, so ist das nicht nur versuchte Nötigung. Zusätzlich soll die Redaktion veranlaßt werden, die Kennzeichnungspflicht von Anzeigen zu umgehen. Leider gibt es immer wieder Anzeigenverkäufer, die dieses Spiel provozieren oder mitmachen. Die Zeitung schaufelt sich dabei ihr eigenes Grab. Irgendwann erkennen die Leser, daß die vermeintliche neutrale Information in Wirklichkeit getarnte Werbung ist. Damit hat die Zeitung ihr Vertrauen verspielt und verliert auch noch die letzten Abonnenten. Übrig bleibt ein Anzeigenblatt, das in tausendfacher Auflage kostenlos verteilt wird. Es findet vielleicht noch als Produktkatalog oder Lieferantennachweis Verwendung. Der Journalismus bleibt dabei auf der Strecke.

Eine gute Presseinformation hilft der Redaktion. Das bedeutet:

- Handelt es sich um eine Meldung über Fakten, die für eine breite Öffentlichkeit von Interesse ist (eine Veranstaltung, eine Innovation), so sollten diese Fakten als knappe, sachliche Information in einem Block zusammengefaßt sein. Ergänzt werden können sie durch (separate) Hintergrundinformationen für den bearbeitenden Redakteur.
- Handelt es sich bei der Meldung um eine Meinung, eine Stellungnahme oder einen Kommentar, die zur Information der Redaktion bestimmt ist, sollte das durch Form und Aufmachung kenntlich gemacht werden. Das gilt auch für allgemeine technische, formale oder geschichtliche Informationen, die nicht für eine Veröffentlichung, sondern für das Archiv der Zeitung vorgesehen sind.

Über die optimale äußere Form einer Presseinformation gibt es Meinungsverschiedenheiten. Fest steht, daß sie klar strukturiert und lesbar gedruckt sein muß. Im Kopf- oder Fußbereich sollte eine eindeutige Identifizierung nach Nummer, Datum, Bereich und Herausgeber enthalten sein. Abbildungen müssen separat beigelegt werden; sie sollten jedoch identifizierbar und einem Text zuordenbar sein.

Danach scheiden sich die Geister: Manchen Redaktionen genügt Schreibmaschinenqualität mit 60 Anschlägen pro Zeile und anderthalbzeiligem Abstand. Andere wünschen nicht mehr als 45 Anschläge und zwei Zeilen Abstand. Einige Redaktionen freuen sich über eine satzspiegelgerechte Aufbereitung mit Proportionalschrift und üblichem Durchschuß. Andere empfinden das als Eingriff in ihre Unabhängigkeit.

Überflüssig ist in jedem Fall die Einrichtung einer Korrekturspalte, die mit Zeilenlinien versehen und per Überschrift als solche gekennzeichnet ist. Für den redigierenden Redakteur sieht das so aus, als würde ihm gezeigt, wo er sein Kreuzchen machen muß. Völlig unangemessen ist die Aufbereitung einer Presseinformation als druckfertige Vorlage mit Überschriften, Vorspann und mehrspaltigem Bodytext. So läßt sich zwar ein Werbetext bei einem Anzeigenblatt unterbringen, an der Arbeitsweise einer Redaktion geht eine solche Aufmachung völlig vorbei.

Die Mitarbeiter der Presse sind als Bindeglied zwischen Unternehmen und Öffentlichkeit ein wichtiger Teil des Marktes. Presseinformationen sollten sie wahrheitsgetreu und vollständig über das Unternehmen informieren. Daraus kann sich jenes öffentliche Vertrauen entwickeln, das Voraussetzung für den langfristigen Erfolg ist. Eine Presseinformation, die Redakteure zu Handlangern der Informationspolitik stempelt, signalisiert damit gleichzeitig Überheblichkeit gegenüber dem Markt. Auch das kann eine Botschaft sein. Sie wird auch kommuniziert werden.

Visuelle Kommunikation

»Das Auge ißt mit.« Deutlicher läßt sich wohl die Wirkung von Form, Farbe und Anordnung kaum ausdrücken. Das schönste Filet und der delikateste Salat bleiben liegen, wenn ihre Präsentation unappetitlich wirkt. Die »Nouvelle Cuisine« hat die Form sogar zum Dogma erhoben. Seitdem ist der riesige Teller mit den wenigen, aber kunstvoll angeordneten Kleinigkeiten das Symbol für ein neues Verständnis von Eßkultur geworden.

Im ganzheitlichen Weltbild stehen Form und Farbe in einer festen Beziehung zu Stimmungen und Zuständen. Auch die moderne Farbenlehre verwendet diese Erkenntnisse, wobei durchaus unterschiedliche Interpretationen vorkommen: Blau ist die Farbe der Ruhe und der Besinnung; Blau vermittelt aber auch Solidität, Seriosität und Beständigkeit. Entsprechende Formen sind klare, gleichmäßige und lineare Strukturen mit einer Tendenz zur Unendlichkeit. Rot ist aggressiv, anregend und herausfordernd, aber zugleich die Farbe der Liebe und der Freude. So kann die korrespondierende Form spitz und gezackt (ein Pfeil), aber auch rund, weich und abgeschlossen (ein Herz) sein.

Form und Farbe vermitteln in ihrer Einheit ganz bestimmte Signale, die von Menschen aufgenommen und interpretiert werden. Sie stehen auch in einer festen Beziehung zu Stimmungen und Zuständen. Das wird an folgenden Aussagen deutlich:

- »Eine abgerundete Produktpalette haben.«
- »Spitze Bemerkungen machen.«
- »Alles durch die rosa Brille sehen.«
- »Schwarz malen.«
- »Blau machen.«

Ohne Worte kann ein Unternehmen mit gestalterischen Maßnahmen in Form und Farbe seine Identität mitteilen. Auf diesem Feld arbeiten die meisten Berater für »Corporate Identity« (CI). Sie helfen ihren Klienten bei der Umsetzung der Kommunikationsziele in Wort- und Bildmarken, Hausfarbe und Hausschrift und erreichen damit, daß das optische Erscheinungsbild des Unternehmens einheitlich und konsistent wirkt.

Die Form Ihres Firmenzeichens, Ihr Produktdesign und Ihre Hausfarbe sind deshalb so wichtige Elemente Ihrer Marktkommunikation, weil Menschen überwiegend in Bildern denken. Sie werden gezielt zur Vermittlung einer Bot-

Marktkommunikation in der Praxis

schaft gestaltet und wenden sich vorrangig an potentielle Abnehmer. Mit diesen Formen visueller Kommunikation wollen wir uns im Rahmen dieses Buches nicht beschäftigen. Darüber gibt es ausgezeichnete Literatur, und zahlreiche renommierte CI-Berater unterstützen Sie bei der Umsetzung von Zielen und Merkmalen in Formen und Farben.

Kommunikative Wirkung auf alle Menschen innerhalb und außerhalb Ihres Unternehmens geht jedoch auch aus von:

- der Fassade Ihres Gebäudes,
- dem Hauseingang,
- der Anordnung Ihres Empfangs,
- der Beleuchtung im Haus,
- der Einrichtung Ihrer Büros,
- der Gestaltung Ihrer Kantine und
- Ihrem Messestand.

Bei der Gestaltung all dieser Kommunikationsmittel können wir in der Regel nicht vorhersehen, ob die dadurch angesprochenen Personen wichtig oder unwichtig für unser Geschäft sind. Wir können diese Diskrepanz sehr einfach lösen, wenn wir alle Menschen, die Formen, Farben, Gestaltungen, Ausstattungen und Einrichtungen von uns wahrnehmen, als wichtige Teilnehmer unseres Marktes ansehen. Damit vermeiden wir Mißverständnisse. Wenig sinnvoll ist allerdings, nur die »Optik« zu ändern und auf ein gewünschtes Image zu trimmen. Ein windiger Immobilienmakler kann mit teuerem Briefpapier, Stahlstichdruck und geprägtem Wappen im Briefkopf nur so lange einen seriösen Eindruck erwecken, bis sein Geschäftsgebaren publik wird.

Haus und Empfang

Wenn Sie einen neuen Bekannten zum ersten Mal besuchen, werden Sie seine Wohngegend, seine Straße und sein Haus aufmerksam betrachten und beurteilen. Wohnt der Mensch mit der superelegenten Kleidung in einem Haus mit abbröckelndem Putz, umgekippten Mülltonnen im Hof und einem unbeleuchteten Treppenhaus, werden Sie sich fragen, was bei ihm wohl noch alles Schein ist. Genauso unsicher werden Sie sein, wenn der vergammelte Typ mit den langen Haaren und den zerrissenen Jeans Sie in der Marmorhalle begrüßt und zur Bar am Pool im Park führt.

Auch der Besucher eines Unternehmens bewertet Umgebung, Fassade und Eingangsbereich und bildet sein Urteil. Dabei vergleicht er die Realität mit der Vorstellung, die er aus vorherigen Kontakten entwickelt hat. Stimmen sie überein oder ist der Besucher angenehm überrascht, wird das seine positive Grundhaltung fördern. Wirken Fassade und Eingang unappetitlich, wird es den Besucher bereits Überwindung kosten, unbefangen einzutreten. Peinlich wird es, wenn die »Weltfirma mit Büros in allen Hauptstädten« in einem Hinterhof residiert und der Chef die Tür persönlich aufschließt.

Es müssen nicht die repräsentative Fassade und die riesige Eingangshalle sein. Sie wollen nur Eindruck machen und dem Besucher vermitteln, was für ein kleiner Wurm er ist. Banken demonstrieren damit gerne ihre Macht. Die geographische Lage und das Gebäude Ihres Unternehmens sollten seiner Persönlichkeit entsprechen. Ihren Standort werden Sie eher unter Infrastruktur-Gesichtspunkten als unter Repräsentationsaspekten auswählen. Das kann auch Wirkung auf Ihre Besucher ausüben: Sind Sie in einer bekannten Umgebung oder bedarf es ausführlicher Lagepläne und Wegbeschreibungen, damit Ihr Besucher den Weg zu Ihnen findet? Die Lage des Gebäudes und die Gestaltung des Empfanges können Ihren Mitarbeitern und Besuchern auch vermitteln, daß sie erwünscht und erwartet sind. Eine versteckte Lage, fehlende Firmenhinweise und ein unauffälliger Eingang können zum Ausdruck bringen, daß Sie eigentlich keine Besucher wünschen. Gute Gründe dafür könnten besondere Sicherheitserfordernisse oder ausschließlich indirekte Kommunikation mit Ihren Marktpartnern sein. Es könnte aber auch bedeuten, daß Sie sich Ihrer Umgebung und Ihres »Hauptsitzes« schämen und das vor Ihren Kunden verbergen wollen. Keine Sorge: Irgendwann wird man Sie finden und dann kommt die Wahrheit ans Licht.

Das eigene Firmengebäude bietet viele Möglichkeiten, Besucher zu beeindrucken oder zu frustrieren. Mit Form und Farbe können Flächen und Räume optisch verkleinert oder vergrößert werden. Der (freie) Parkplatz für den Besucher wirkt mehr als zehn Fahnenmasten. Blumen und Pflanzen vor dem Haus vermitteln mehr Zuwendung als nahtloser Asphalt. Ein unerbittlicher Pförtner, der den Besucher mit schwerem Gepäck die 300 Meter zum gesuchten Gebäude marschieren läßt, wird sicherlich bei der Besucherabwehr erfolgreicher sein als ein freundlicher Führer mit Elektromobil.

Ein gemietetes Bürogebäude läßt weniger Raum für die Gestaltung von Fassade, Platz vor dem Haus und Eingangsbereich. Hier sind es eher Kleinigkeiten, die auf das Verhältnis zwischen Unternehmen und Markt hinweisen. Eine verschlossene Tür mit Sprechanlage weist auf einen hohen Sicherheitsbedarf oder Verschlossenheit hin. Die Innenarchitektur des Empfangsraumes und der ausgelegte Lesestoff zeigen, ob der wartende Besucher gelangweilt, verunsichert oder entspannt werden soll. Wartezeiten können als Werkzeug zur Verunsicherung des Besuchers eingesetzt werden, wenn Sitzmöbel nicht vorhanden oder nicht benutzbar sind. Sie lassen sich auch kommunikativ nutzen – mit einer Darstellung der Unternehmenschronik, mit nützlichen Informationen über Unternehmen und Leistungen oder mit einer Ausstellung künstlerischer Erzeugnisse der Mitarbeiter.

Befinden sich die Geschäftsräume in einer gemieteten Büroetage ohne eigenen Empfangsbereich, ist eine gute Beschilderung der einfachste Weg, einem Besucher zu zeigen, daß er willkommen ist. Das beginnt am Eingang, setzt sich gegebenenfalls im Fahrstuhl fort und führt bis zur Bürotür, hinter der jemand sitzt, der dem Besucher weiterhilft. Die Kosten für einen Sitzplatz, etwas Lektüre und eine Erfrischung liegen mit Sicherheit im Rahmen der Möglichkeiten jedes Kleinstunternehmens.

Eine bequeme Zufahrt, ein eleganter Eingang, bequemes Mobiliar und teuere Bilder an der Wand sind allerdings kein Ersatz für eine freundliche und entgegenkommende Person am Empfang. Sie prägt durch ihre Ansprache den ersten Eindruck vom Unternehmensstil und kann über Mängel in Form und Farbe hinwegsehen lassen, speziell wenn das Unternehmen noch jung ist.

Eine verriegelte Tür, ein unfreundlicher Pförtner, ein kahles Treppenhaus mit irreführendem Wegweiser und eine nackte Holzbank vor einer Tür mit der Aufschrift »Nur nach Aufforderung eintreten!« machen jedem Bürger klar, welche Einstellung seine Behörde zu ihm hat: Er bedeutet eine lästige Störung des Amtsbetriebes. Ein gepflegtes Haus mit ansprechendem Eingang und freundlichem Empfang schafft jedoch spontan eine Verbindung zwischen Unternehmen und Besucher: Ihm wird gezeigt, daß er willkommen ist. Besonders schön wäre es, wenn das nicht nur für potentielle Käufer, sondern für jeden gilt, der das Haus betritt.

Arbeitsumgebung

»Sage mir, wie Du wohnst, und ich sage Dir, wer Du bist.« Die meisten Schreibtischtäter verbringen mehr Zeit in ihrem Büro als in ihrem Wohnzimmer. Nur wenige von ihnen können sich ihren Arbeitsplatz so einrichten, daß sie sich wie zu Hause fühlen. Alle anderen müssen mit dem vorliebnehmen, was ihr Arbeitgeber für notwendig hält, und das ist meistens nicht viel. Die Arbeitsumgebung übt jedoch entscheidenden Einfluß auf die Mitarbeitermotivation aus. Sollte das nicht Grund genug sein, die Büroeinrichtung als Kommunikationsaufgabe aufzufassen und umzusetzen?

Rund DM 25.000 gaben deutsche Unternehmen 1988 im Durchschnitt für die Ausstattung eines Büroarbeitsplatzes aus – immerhin fast das Fünffache des Betrages, den amerikanische Unternehmen investieren. Wohnlichkeit in einem Büro ist jedoch weniger eine Geldfrage, sondern eher eine Frage der Einstellung. Hohe Wertschätzung läßt sich gut durch eine liebevolle Arbeitsplatzausstattung ausdrücken. Und ein Mitarbeiter, der sich in seinem Unternehmen zu Hause fühlt, wird sein Büro auch selbst entsprechend einrichten. Sind die Angestellten jedoch nur »Verbrauchsmaterial« oder Produktionseinrichtung, kann die Arbeitsplatzausstattung auf das absolute Mindestmaß beschränkt bleiben. So passen auch vier Mitarbeiter in ein Büro mit zwanzig Quadratmetern Grundfläche. Hoher Krankheitsstand und lebhafte Fluktuation sorgen dann dafür, daß die Luft im Büro nicht zu dünn wird.

Das Platzangebot für Mitarbeiter ist ein Hinweis, welcher Raum zur Entfaltung gegeben wird. Das ist nicht zwingend von der hierarchischen Position abhängig. So finden sich Büroräume mit zwei, drei oder mehr Personen bevorzugt in Unternehmen, die ihre Mitarbeiter überwiegend unter formalen Gesichtspunkten führen. Einzelbüros sind eher typisch für eine zielorientierte Führung mit weitgehender Entscheidungsfreiheit des einzelnen über den Weg zum Ziel. Besonders deutlich wird die Einstellung des Unternehmens, wenn die Büros analog der hierarchischen Position und der damit verbundenen Entscheidungskompetenz wachsen.

Eine Sonderrolle spielen die einst hochgelobten und heute wieder kritisch betrachteten Großraumbüros. Sie suggerieren durch ihre Ausdehnung Freizügigkeit und Großzügigkeit bei äußerst ökonomischer Raumnutzung. Ihre Stärke ist gleichzeitig ihre Schwäche: Der einzelne Mitarbeiter steht unter permanenter Beobachtung durch seine Kollegen oder Vorgesetzten und hat kaum eine Möglichkeit, sich temporär zurückzuziehen.

Die Palisanderschrankwand galt früher als das Sinnbild des Aufstieges. Niedere Chargen erhielten Blechtische, die mittlere Etage durfte auf Schleiflack arbeiten und nur die oberste Führung stattete ihren Arbeitsplatz mit Wohnmöbeln aus. Heute sind die Einrichtungen weitgehend nivelliert, einfallslos und zweckmäßig. Nicht ganz unschuldig daran sind die Berufsgenossenschaften mit ihren Vorschriften über das Reflexverhalten von Arbeitsflächen. Erstaunlich ist nur, wieviele Büroarbeiter die »augenfreundliche« Schreibtischfläche mit Schreibunterlagen oder Kalendern in allen Regenbogenfarben abdecken. Welche Möbel würden wohl beschafft werden, wenn die Mitarbeiter selbst entscheiden könnten?

Tapeten und Fußbodenbeläge tragen maßgeblich zum Eindruck von Räumen bei. Sie können farblos, aber zweckmäßig sein. Sie können auch das Wohlbefinden steigern. Noch stärkere Wirkung geht von Bildern und Blumen aus. Auch die Arbeitsplatzbeleuchtung erzeugt eine ganz bestimmte Stimmung. Nicht jeder Mitarbeiter ist engagiert und kundig genug, um diese Ausstattung selbst in die Hand zu nehmen. Dem Unternehmen bietet sich jedoch die Möglichkeit, seine Grundhaltung gegenüber den Beschäftigten augenfällig unter Beweis zu stellen.

Professionelle Ausstatter von Hotelzimmern verbringen Tage und Wochen mit der Abstimmung von Tapeten, Teppichböden und Möbeln. Dabei verbringt der Gast häufig nur eine Nacht im Zimmer. Ein Büro hingegen dient seinen Benutzern für ein Fünftel ihres Lebens als zweites Zuhause. Deshalb sollte es auch von Profis so eingerichtet werden, daß es dieser Aufgabe gerecht wird.

Die Büroausstattung ist eine der wichtigsten Leistungen des Unternehmens für seine Mitarbeiter. Mehr Wohlbefinden im Büro bedeutet mehr Produktivität und weniger Ausfall durch Krankheit. Allein dieser Nutzen rechtfertigt den Aufwand. Ein Mitarbeiter, der sich in seinem Büro wohlfühlt, wird allen seinen Freunden und Bekannten voller Stolz davon berichten und gerne Besucher einladen. Seine Kommunikationswirkung kann dann mehr wert sein als die gesamte Einrichtung.

Kantineneinrichtung

McDonalds hat die Kantine gesellschaftsfähig gemacht: Eine Umgebung, die einstmals nur Schichtarbeitern zur schnellen Abfütterung zugemutet wurde, ist als Futterstelle für ausgehungerte Jugendliche etabliert worden. Die Zweckmäßigkeit prägt den Stil: In der Kantine soll die Reinigungszeit zwischen zwei Schüben kurz gehalten werden; im Hamburgerrestaurant muß den Eßgewohnheiten Halbwüchsiger beim Verzehr ketchuptriefender Gummibrötchen Rechnung getragen werden. Essen ist jedoch auch Kultur. Das sollte bei der Einrichtung und Ausstattung von Kantinen neben der Zweckmäßigkeit berücksichtigt werden.

Die Deutsche Bank in Frankfurt, AEG in Konstanz, BMW in München und Sandoz in Basel könnten sofort einen Restaurantbetrieb eröffnen. Ihre Kantinen unterscheiden sich nur in Details von einer guten Gaststätte, und im Vorstandskasino speist man besser als in manchem Edelrestaurant. Andere Unternehmen scheinen hingegen bei der Kantinengestaltung die Minimierung der Verweildauer im Auge gehabt zu haben: Billigste Tische und unbequeme Stühle, Plastikgeschirr und -besteck und gleichmäßiges Neonlicht wetteifern mit einer Truppe resoluter Tischwischerinnen um die erfolgreiche Vertreibung von Langsam-Essern. Die Pause ist gesetzlich vorgeschrieben. Sollte sie nicht besser zu einer Phase der Erholung und Entspannung gemacht werden?

Eine Kantine ist immer ein Massenbetrieb. Dieses Merkmal muß durch die Einrichtung nicht noch unterstrichen werden. So sollten neben den Großflächen für Rudel-Futterer auch Nischen und Ecken eingerichtet werden, die etwas Abstand ermöglichen. Werden sie mit Grünpflanzen ausgestaltet, dämpfen sie gleichzeitig den Geräuschpegel von 500 klappernden Bestecken. Die Untergliederung des Raumes läßt sich durch eine entsprechende Beleuchtungstechnik optisch verstärken. Im Trend der Zeit liegen getrennte Zonen für Raucher und Nichtraucher.

Abgehängte Decken, Raumteiler und Abgrenzungen zwischen Sitzbereich und Laufwegen können der Kantine die Nüchternheit des Massenbetriebes nehmen. Teppichboden und Läufer verstärken diese Wirkung. Das Mobiliar muß nicht aus dem Design-Studio, aber auch nicht vom Sperrmüll stammen. Eine Tischdecke mit einer Blumenvase unterstreicht den Restaurantcharakter.

Ganz im Sinn steigenden ökologischen Bewußtseins ist die Verwendung von Porzellangeschirr und Metallbesteck. Auch Zellstoffservietten werden bei günstigem Preis in tatsächlich verwendbarer Ausführung angeboten und sind nicht nur zum Verschmieren geeignet. Tabletts bleiben wahrscheinlich für die schnelle Ver- und Entsorgung unverzichtbar. Daß auch sie in Form und Farbe angenehm gestaltet werden können, zeigen moderne französische Autobahnrestaurants. Allein mit der Wahl des Standortes für die Ablage benutzter Tabletts läßt sich der wenig appetitliche Anblick schmutzigen Geschirrs mit Speiseresten vermeiden.

Die beste Ausstattung kann keine miserable Küche kompensieren. Die Erfahrung lehrt, daß Mitarbeiter bei entsprechender Umgebung gerne ein paar Mark mehr für ein gutes und appetitlich angerichtetes Essen bezahlen. Selbst wenn das Unternehmen seinen steuerpflichtigen Zuschuß verdoppelt, sind die Kosten immer noch geringer als der Zeitausfall, der bei einem externen Restaurantbesuch zwangsweise entsteht.

Die professionelle Einrichtung eines Restaurants für 100 Gäste kostet zwischen DM 180.000 und DM 300.000 – also rund DM 2.500 je Gast. Mit zunehmender Größe sinken die Kosten pro Platz deutlich. Ist das wirklich zu teuer als Investition in das Wohlbefinden der eigenen Mitarbeiter? Ein Büroangestellter verursacht im Mittel über fünf Jahre hinweg Gesamtkosten von DM 400.000. Mit weniger als 1% Mehrkosten ließe sich jede Mittagspause zum Fest machen. Vielleicht ist die Verweildauer dann etwas höher. Der Nutzen durch höhere Zufriedenheit, bessere Motivation und geringere Fluktuation wiegt die verpaßte Arbeitszeit sicher auf. Die Kommunikationswirkung von Mitarbeitern, die vor Freunden und Kunden von ihrer Kantine schwärmen und sie zur Bewirtung von Geschäftsfreunden jedem Restaurant vorziehen, ist mit Geld nicht zu bezahlen.

Messestand

Messebeteiligungen sind ein teueres und zweifelhaftes Vergnügen. Die Teilnahme an der CeBIT, der Weltmesse für Informationstechnik in Hannover, kostet je nach Standgröße zwischen ein paar Tausend und ein paar Millionen DM. Die Aufwendungen für den Messestand selbst sind nur ein relativ kleiner Teil der Gesamtausgaben. Er verkörpert für die Besucher jedoch das sichtbare, greifbare und erlebbare Unternehmen. Bisweilen drängt sich jedoch der Eindruck auf, die Gestaltung des Messestandes soll nicht die Identität des Unternehmens vermitteln, sondern Besucher und vor allem Wettbewerber beeindrucken. Dabei ist eine Messe eine hervorragende Gelegenheit, dem Markt des Unternehmens Ziele, Merkmale und Leistungen »greifbar« zu vermitteln. Voraussetzung ist lediglich, daß der Aussteller seinen Stand nicht als Demonstrationsvehikel versteht, sondern ihn für seinen Markt gestaltet und mit Leben füllt.

Unternehmensfarben, Wort- und Bildmarken machen das ausstellende Unternehmen erkennbar. Das ist besonders in der überfüllten Umgebung einer Messehalle wichtig. Die Standbauer setzen diese Anforderung gekonnt um. Dennoch treffen wir immer wieder auf Stände, bei denen es Schwierigkeiten bereitet, den Namen des Ausstellers auf Anhieb zu erkennen. Manchmal liegt es nur an der Plazierung; oft ist das Firmensignet auch so groß, daß es zwar als Wegweiser an der Autobahn dienen könnte, aber vom Gang vor dem Stand aus nur mit einem Weitwinkelobjektiv deutlich wird. Die Augenärzte könnten gute Empfehlungen zu Größe und Anordnung aussprechen: »In Augenhöhe und aus einem Betrachtungsabstand von wenigen Metern vollständig erkennbar und lesbar.« Auf das große, repräsentative Firmenschild braucht deswegen kein Aussteller zu verzichten.

Marktkommunikation in der Praxis

Die Anordnung der Exponate auf dem Stand ist bei geringem Raum relativ starr vorgegeben: immer an der Wand entlang. Größere Stände geben die Möglichkeit, das Besucherverhalten gezielt zu steuern: Sollen die Besucher nur anschauen, aber auf Distanz bleiben, oder dürfen sie auf Tuchfühlung mit dem Exponat gehen. Ein Stand kann wie eine Burg aufgebaut sein, bei der sich das Standpersonal hinter dem Schutzwall der ringsum angeordneten Ausstellungsstücke verstecken kann. Er kann wie ein Trichter alle Vorbeiströmenden einsammeln und zu einem gewünschten Punkt lenken. Er kann wie ein Caféhaus wirken, das zum Eintreten und Verweilen einlädt, er kann auch zum Ausdruck bringen, daß nur besonders ausgewählte Persönlichkeiten zugelassen sind und sich den kritischen Fragen der »Götter in Schwarz« stellen dürfen. Wenn der Aufbau nicht nur der kreativen Traumstunde des Messebauers entsprungen ist, verdeutlicht er, was das ausstellende Unternehmen von seinen Marktteilnehmern hält:

- Ist jeder Besucher als wichtiger Teilnehmer des Marktes willkommen, oder unterscheidet das Unternehmen zwischen nützlichen und unnützen, wichtigen und unwichtigen, willkommenen und geduldeten Besuchern?

Nicht nur die Anordnung der Ausstellungsstücke und die Position von Empfang oder Informationstheke wirken auf die Besucher. Manchmal läßt sich der Informationsbedarf nicht schon mit einigen ausgehändigten Prospekten befriedigen – es ist ein etwas ausführlicheres Gespräch erforderlich. Oftmals ist dann im Augenblick leider kein Sitzplatz frei, weil das Unternehmen eigentlich nur ausstellen wollte und deshalb die Standfläche überwiegend mit Produkten vollgepackt hat. Andere Aussteller richten Besprechungskabinen ein, die sich überwiegend durch den angebotenen Kaffee von einer Haftzelle unterscheiden.

Es geht auch anders, und das Raumangebot für ein ausführliches Gespräch ist nicht ausschließlich von der Standgröße abhängig. Bleiben wir auf der Messe in Hannover, so finden wir viele Stände, deren Obergeschoß zu einer ansprechenden Konferenzebene ausgebaut ist. Dort kann der gestreßte Besucher bequem sitzen, seine Wünsche ohne Schreien äußern und beim Verzehr einer Kleinigkeit in Ruhe die Vorschläge seines Gesprächspartners prüfen. Selbst ein kleiner Messestand läßt die Einrichtung einer Sitzecke zu, die etwas vom Standtrubel abgegrenzt ist, wenn die Messebeteiligung nicht nur auf Präsentation, sondern auf Kommunikation abzielt.

Auch das Standpersonal gehört zum Markt des Unternehmens. Die Arbeit auf der Messe bedeutet Abwesenheit von zu Hause, zehn Stunden Dienst im Stehen, hastige Mahlzeiten und oft auch anstrengende Nächte. Erstaunlich, daß dennoch zahlreiche Unternehmen die Messeteilnahme als Belohnung für die Mitarbeiter darstellen können. Bei einer hochmotivierten Mannschaft, die ihre guten Beziehungen untereinander zur Messe mitnimmt, werden sich Mängel und Beschränkungen weniger gravierend auswirken. Werden Mitarbeiter jedoch zur Messe abkommandiert, dort in billigen Quartieren untergebracht, mit ein paar belegten Brötchen abgespeist und schief angesehen, wenn sie sich für ein paar Minuten zurückziehen wollen, dann werden sie ihre Einstellung zur Messe und zu ihrem Unternehmen ungeschminkt an die Besucher weitergeben. Die Behandlung der Besucher durch das Standpersonal vermittelt die Beziehung zwischen Unternehmen und Markt:

- Freuen sich die Mitarbeiter über jeden Besucher, haben sie Interesse an seinen Wünschen, sind sie überzeugt von ihren Leistungen, unterbreiten sie gerne Vorschläge und informieren sie auch dann, wenn erkennbar kein Auftrag zu erwarten ist?
- Oder wünschen sie sich zwar Zuschauer und Bewunderer, empfinden Besucher jedoch als störend, beschränken sich auf beeindruckende Demonstrationen, sehen Fragen als lästig an und machen grobe Unterschiede zwischen potentiellen Käufern und »Sehleuten«?

Auf einer Messe kann sich jeder Besucher hautnah einen Eindruck vom Unternehmen verschaffen. Einrichtung und Ausstattung des Messestandes können die Zuwendung des Unternehmens zu allen Marktteilnehmern augenfällig unter Beweis stellen. Sie können aber auch Überheblichkeit, Geringschätzung und Protzsucht vermitteln. Ein breites Publikum hilft, jede Botschaft weiterzutragen – die gute, aber auch die weniger gute.

Marktkommunikation in der Praxis

Sprachliche Kommunikation

Wenn wir uns mit anderen Menschen unterhalten, drücken wir unsere formulierten Gedanken mit Hilfe der Sprache aus. Dabei verwenden wir Elemente verbaler Kommunikation:

- Sprachlaute (Vokale, Konsonanten),
- Lautstärke (Flüstern, Brüllen),
- Stimmhöhe (dunkel, hell),
- Klangfarbe (rauh, schrill),
- Geschwindigkeit (schleppend, Stakkato).

Den sachlichen Teil unserer Aussage könnten wir auch schriftlich niederlegen. Er ist jedoch nur ein Teil der Botschaft. Er wird ergänzt, relativiert oder präzisiert durch den Tonfall und die Art der Aussprache:»Der Ton macht die Musik.« Er macht Gefühle und Empfindungen hörbar:

- Begeisterung,
- Freude,
- Gelassenheit,
- Gleichgültigkeit,
- Nervosität,
- Gereiztheit,
- Ärger,
- Wut.

Im Gespräch zeigen wir mit Worten und mit unserem Gesprächston, welche Einstellung wir zu unserem Gesprächspartner – oder unserem Zuhörer – haben. Im betrieblichen Alltag betrifft das gleichermaßen die Kommunikation mit den Menschen innerhalb und außerhalb unseres Unternehmens:

- den Ton am Telefon,
- das Gespräch unter Kollegen,
- die Ansprache des Chefs,
- die Besprechung mit Lieferanten,
- die Rede zur Versammlung,
- den Vortrag vor Journalisten.

Besonders deutlich empfinden wir die Wirkung des Tons, wenn jemand eine Rede hält: Die großen Führer der Massen begeisterten nicht durch den Inhalt

Marktkommunikation in der Praxis

ihrer Aussagen, sondern durch die Art, wie sie zu ihren Zuhörern sprachen. So sind rhetorische Fähigkeiten zu einer der wichtigsten Qualitäten von Führungskräften geworden. Erkennbar ist das auch am großen Angebot an Seminaren, die mäßige Sprecher in überzeugende Redner verwandeln sollen. Das Negativbeispiel liefert der Politiker, der die von seinem Adlatus entworfene Rede vom Blatt abliest und so damit beschäftigt ist, keinen Versprecher zu machen, daß er versäumt, die Wirkung seiner Stimme zur Vermittlung der Botschaft einzusetzen.

Weniger bewußt, aber mindestens gleichermaßen wirkungsvoll ist unser Ton, wenn wir mit Kollegen, Mitarbeitern, Vorgesetzten, Kunden und Lieferanten sprechen. Freundlich wirkt auf uns ein Mensch, der freundlich mit seinen Mitmenschen spricht – ob er etwas von ihnen will oder nicht. Ein unfreundlicher Ton kann den Inhalt einer Aussage ins Gegenteil verkehren: »Ja, ich liebe Dich.« kann intensive Zuneigung, aber auch Abwehr und Desinteresse vermitteln.

Wir sprechen zwar mit unserem Mund. Wir kommunizieren dabei jedoch mit unserem ganzen Körper. Mit ihm können wir auch Stimmungen und Einstellungen vermitteln, ohne ein Wort zu sagen. Deutlich wird das an:

- der Haltung unseres Kopfes,
- dem Ausdruck unseres Gesichtes,
- der Stellung der Schultern,
- der Neigung des Rumpfes,
- dem Winkel unserer Oberarme,
- den Bewegungen der Hände,
- der Position des Beckens,
- der Lage der Oberschenkel und
- der Stellung der Füße.

Nonverbale Kommunikation, auch als »Körpersprache« bezeichnet, findet bei einem Gespräch zwischen Menschen immer statt. Sie übermittelt dem Unterbewußtsein eine Fülle von Informationen, die das gesprochene Wort begleiten oder ihm widersprechen. Ein gezieltes Training für die Deutung und den Einsatz der Körpersprache, wie es von einigen Seminarveranstaltern offeriert wird, birgt hohe Risiken: Kein Mensch ist in der Lage, die neun Darstellungsformen ständig zu steuern und zu kontrollieren. Auch die bewußte Interpretation einer Haltung des Gesprächspartners kann zu Mißverständnissen führen, wenn sie nicht im Zusammenhang mit der Ganzheit aller Informationen betrachtet wird. Über nonverbale Kommunikation wollen wir in diesem Buch nicht sprechen, wohl aber berücksichtigen, welchen Einfluß sie auf den verbalen Teil unserer Botschaft hat.

Unsere Sprache wirkt primär auf unseren direkten Gesprächspartner, aber gleichzeitig auch auf andere, die absichtlich oder zufällig zuhören. Wollen wir die Kommunikationswirkung des gesprochenen Wortes angemessen gewichten, sollten wir davon ausgehen, daß jeder Zuhörer ein wichtiger Teilnehmer unseres Marktes sein könnte.

Der Ton am Telefon

Rund DM 150.000 wendet ein mittelständisches Unternehmen durchschnittlich pro Jahr für Telefongebühren auf. Dafür stehen, sitzen oder hängen seine Mitarbeiter über 10.000 Stunden an der Strippe. Die Gesamtkosten von einer runden halben Million zählen zu den Geschäftskosten. In Wirklichkeit sind sie jedoch Kosten der Kommunikation mit dem Markt. Kaum ein anderes Kommunikationsverfahren vermittelt so viele Informationen über ein Unternehmen in so kurzer Zeit wie das Telefon. Das gilt in gleicher Weise für abgehende und ankommende Gespräche. Während jedoch Telefonaktionen zur Akquisition gewissenhaft vorbereitet werden, ist die Kommunikationswirkung aller anderen Gespräche von zahlreichen Zufällen abhängig. Sollte der Aufwand nicht rechtfertigen, das Telefon grundsätzlich in die Kommunikationsstrategie des Unternehmens einzubinden?

Der erste Eindruck beim Telefonkontakt dominiert das Gespräch. Er ist nachträglich nur sehr schwer zu korrigieren. Nicht jeder Mensch ist nach Wortschatz, Aussprache und Stimmlage gleichermaßen gut für den Telefonkontakt geeignet. Telefon-Marketing-Gesellschaften wissen das und wählen ihre Telefonist(inn)en vorrangig nach diesen Kriterien aus. Für ein Unternehmen entscheidet die Besetzung der Telefonzentrale über den ersten Eindruck. Der Tonfall der »Zentrale« verrät sofort, wie sie zu ihrem Job und zu ihrer Firma steht.

In kleineren Unternehmen mit einer Telefonreihenanlage kann das bedeuten, daß die Unternehmensleitung festlegen muß, wer ankommende Gespräche entgegennehmen soll. In mittleren Unternehmen kann wichtiger sein, daß die Zentrale mit einer Person besetzt ist, die gerne in diesem Job für diese Firma arbeitet. Wenn sie zusätzliche Aufgaben erhält, sollten diese nicht zu Streß führen: Der Anrufer merkt es.

Großunternehmen setzen in der Regel mehrere Telefonistinnen ein. Die Praxis lehrt, daß Anrufer von ihnen eher als Störung empfunden und möglichst schnell auf einen Hausapparat »umgelegt« werden. Wenn das der Grundeinstellung des Unternehmens gegenüber seinem Markt entspricht, ist das in Ordnung. Legt das Unternehmen jedoch Wert auf gute Beziehungen, wäre die Schulung der Telefonzentrale eine hervorragende Investition. Die Erfolgskontrolle ist einfach: Der Geschäftsführer muß nur einmal pro Woche auf seine Durchwahl zur Sekretärin verzichten und die Zentrale wählen.

Mit welchen Worten ein Anrufer begrüßt werden sollte, hängt nicht nur vom Firmennamen ab. Jeder Mensch braucht ein paar Sekunden, um sich auf die Sprache seines Gegenübers einzustellen. Fällt nun der Firmen- oder Personenname in diesen ersten Sekunden, kann es passieren, daß der Anrufer nachfragen muß, mit wem er spricht. Ein paar verbindliche Worte (»Guten Morgen. Sie sprechen mit...«) können diese ersten Sekunden überbrücken. Diese Regel gilt in gleicher Weise für ankommende Gespräche wie für Anrufer. Besonders wenn der Gesprächspartner über die Direktwahl an seinem Arbeitsplatz erreicht wird, kann seine Konzentration im Moment des Anrufes erheblich beeinträchtigt sein. Überflüssig, wenn nicht sogar schädlich, ist in jedem Fall das Wort »Firma«: Entweder ist die Firma so groß, daß man ihren Namen kennt, oder die Firma ist klein und unbekannt. Dann verrät der Zusatz eher Unsicherheit.

Moderne Nebenstellenanlagen lassen erkennen, ob der Anruf intern erfolgt oder ob ein externer Teilnehmer die Durchwahl verwendet. Hinweise auf die Unternehmenskultur ergeben sich, wenn der Gesprächston entsprechend variiert wird. Schlimm wird es, wenn die spröde, ungeduldige oder ärgerliche Stimme beim Erkennen des wichtigen Kunden oder des Vorgesetzten in sanftes Säuseln umschlägt. Natürlich sind wir alle Menschen und damit nicht emotionslos. In einem solchen Fall wird der Anrufer Verständnis zeigen, wenn ihm mit wenigen Worten der Grund für den unfreundlichen Ton genannt wird.

Häufig wird ein Anrufer weiterverbunden. Art und Stil verraten ihm, ob er als Anrufer lästig oder als Marktteilnehmer willkommen ist. Grob unhöflich, aber bei Telefonzentralen nicht unüblich ist ein knappes »verbinde«. Ungünstig wirkt sich aus, wenn der Teilnehmer, an den verbunden wird, nicht mit einem externen Anruf rechnet. Dann erhält der Anrufer gleich den richtigen Eindruck vom internen Gesprächsstil. Noch wichtiger ist die Information des Angewählten, wenn der Anrufer bereits beschrieben hat, was er will. Der neue Gesprächspartner kann sich sofort auf den Anrufer einstellen oder auch feststellen, daß nicht er, sondern ein anderer Empfänger geeignet ist. Der Anrufer muß nicht mehrere Male sein Anliegen vortragen, wird nicht von einem Platz zum anderen verbunden und bleibt nicht zum Schluß auf einer toten Leitung hängen.

Das Telefon vermittelt neben dem Inhalt auch den Ton einer Nachricht; und der macht die Musik. Unterschiede zwischen internem und externem Gesprächston werden hier schnell transparent. Der Telefonverkehr ist eines der wichtigsten – und teuersten – Kommunikationsmittel eines Unternehmens mit seiner Umwelt. Er kann auch den höchsten Nutzen bringen – im Wert von einer halben Million DM pro Jahr.

Gespräche im Haus

Es gibt ein Unternehmen, dessen Betriebston so prägnant die Firmenkultur wiedergibt, daß er als Synonym für die damit ausgedrückte Grundhaltung Verwendung findet: Der »Kasernenton« macht durch Wortschatz, Satzaufbau und Lautstärke auch dem letzten Grenadier klar, wer das Sagen hat. Auch die Antworten der Angesprochenen sind weitgehend festgelegt. Daß sich dieser Ton keineswegs auf den militärischen Bereich beschränkt, zeigt ein alter Beraterwitz: »Heute muß man Mitarbeiter motivieren. Es reicht nicht mehr, sie nur anzubrüllen.«

Der Stil der verbalen Kommunikation im Unternehmen wird von seinen Führungskräften geprägt und beeinflußt. Sie vermitteln damit ihre Grundhaltung gegenüber ihren Mitarbeitern. Diese nehmen sie auf und geben sie weiter – an eigene Untergebene, an Kollegen, aber auch an die Menschen außerhalb des Unternehmens. Stil und Gesprächston wirken als Einheit bei der Anrede unserer Gesprächspartner, bei der Form, eine Anweisung zu erteilen, bei der Diskussion kontroverser Ansichten im Kollegenkreis und bei Erzählungen aus dem Privatleben. Eine besondere Rolle in der verbalen Kommunikation spielt die Art des Zuhörens. Sie kann mit dem Gesprächston nachhaltig beeinflußt werden, wirkt aber auch unabhängig davon.

Amerikaner gehen mit der Anrede ihres Gesprächspartners unkompliziert um: Vom Vizepräsidenten bis zum Pförtner sprechen sich alle vorwiegend mit dem Vornamen an, und »you« macht keinen Unterschied zwischen »Sie« und »Du«. In Europa wurden (und werden) die eigenen Eltern mit »Sie« angeredet. So ist das vertrauliche »Du« mit dem Vornamen im betrieblichen Umgang überwiegend nur nach besonderer Vereinbarung üblich und auf Einzelkontakte oder geschlossene Gruppen beschränkt: Sekretärinnen untereinander, die Mitarbeiter einer Arbeitsgruppe, Kollegen mit privatem Kontakt.

Die Form der Anrede läßt sich gezielt zur Vermittlung der Beziehung aller Mitarbeiter untereinander einsetzen. »Duzen« mit den Mitarbeitern ist jedoch vielen Chefs suspekt, weil es Klassenunterschiede aufhebt und zum Verlust jener Autorität führt, die auf Formalismen basiert. Mit der Kombination des Vornamens und dem höflichen »Sie« kann eine Unternehmensführung Zuwendung, aber auch Achtung des Mitarbeiters ausdrücken. In jüngeren High-Tech-Unternehmen amerikanischen Ursprungs ist diese Version relativ verbreitet. Allerdings läßt sich diese Anredeform kaum per Verordnung einführen. Sie entwickelt sich aus der Anwendung durch alle für alle – vom Inhaber bis zum Chauffeur.

Auch ein freundlicher, zumindest höflicher Umgangston kann kaum per Anweisung durchgesetzt werden. Sprache vermittelt Emotionen, und nur Meister der Selbstbeherrschung lassen sich ihren Ärger, aber auch ihre Freude nicht anmerken. Haben Sie sich über jemanden geärgert, so ist es menschlich, wenn Sie ihn das spüren lassen. Wenn er allerdings nicht weiß, daß er der Anlaß Ihres Ärgers ist, wird er Sie für launisch oder unfreundlich halten. Schlimmer noch ist, wenn Sie sich über Ihren Chef geärgert haben, diesen Ärger jedoch an Ihre Mitarbeiter weitergeben, ohne ihnen zu sagen, warum Sie gerade stinksauer sind. So pflanzt sich dann ein unfreundlicher Umgang von oben nach unten durch das ganze Unternehmen fort und erreicht schließlich die Familie. Damit ist der Abend gerettet.

Nun sollte ein Chef sich nicht bei seinen Mitarbeitern über seinen Vorgesetzten beklagen. Vielleicht könnte er seinen Ärger direkt dem Urheber zeigen und auf diese Weise den Konflikt austragen. Nur sehr selten ergeben sich dabei wirklich unüberbrückbare Differenzen. Wahrscheinlicher ist, daß Ihr Gesprächspartner sich nicht bewußt ist, Sie geärgert, frustriert oder verletzt zu haben. Das läßt sich mit wenigen Worten klären. Sie müssen diese Klärung nur wollen, statt zu schmollen und Ihren Ärger an anderen auszulassen.

Verbale Kommunikation setzt Sprecher und Zuhörer voraus. Zum Zuhören sagt Baldur Kirchner, Jesuit, Philosoph und Dozent für Rhetorik und Dialektik:
»Die Fähigkeit, zuhören zu können, ist ein elementares Merkmal der menschlichen Gesprächsfähigkeit. Wer nicht zuhören kann, kann auch kaum menschliche Zuwendung geben.«

Aktives Zuhören heißt, sich für die Person des Sprechers zu interessieren und ihm deshalb ungeteilte Aufmerksamkeit zu schenken. Es erfordert, eigene Vorstellungen, Bedürfnisse und Wünsche während des Sprechens zurückzustellen, keine Ungeduld zu zeigen und nicht im Geist bereits eigene Gedanken zu entwickeln.

In einem Unternehmen, dessen Mitarbeiter ungeachtet ihrer hierarchischen Position aktiv zuhören können, wird es wenig Unklarheiten hinsichtlich gemeinsamer Ziele und vereinbarter Vorgehensweisen geben. Ungeduld, Desinteresse und Selbstdarstellung im Gespräch finden wir hingegen häufig in Unternehmen, deren Mitarbeiter persönliche Interessen mit Machtkämpfen und Intrigen durchzusetzen versuchen. Welche Merkmale prägen wohl das Gespräch zwischen Politikern und ihren Wählern?

Die Kommunikation wird zum Dialog, wenn die Rollen von Sprechern und Zuhörern nicht (in der Hackordnung) festgelegt sind, sondern gewechselt werden. Beschränkt sich verbale Kommunikation im Haus auf die Rede, den Vortrag oder die laut geäußerten Gedanken des Chefs und das geduldige Abwarten und die gelegentliche Zustimmung der Mitarbeiter, so wird es schwer, einen Konsens über gemeinsame Ziele und Vorgehensweisen zu erreichen. Schlimmer noch: Die zu Statisten degradierten Zuhörer werden diese Art der »Kommunikation« weitergeben und selbst praktizieren. So pflanzt sich eine bestimmte Grundhaltung gegenüber anderen durch das ganze Unternehmen fort und gelangt auf vielfältige Weise nach außen. Der typische Exponent dieses Kommunikationsstiles ist der Vertreter, der seinen Interessenten beschwatzt, statt sich ihm zuzuwenden.

Der gute Chef (und Staatsmann) kennt die Gedanken seiner Mitarbeiter möglicherweise besser als sie selbst. Er beherrscht die Kunst, durch Fragen zu führen und hilft seinen Mitarbeitern durch eine zusammenfassende Neuformulierung ihrer Aussagen. So zeigt er ihnen nicht nur sein Interesse – aus seiner Kenntnis ihrer Wünsche und Erwartungen kann er Aufgaben definieren und vergeben, die persönliche Ziele optimal in die Unternehmensanforderungen einbeziehen.

Ein neuer Mitarbeiter in Ihrem Unternehmen kann nicht wissen, welche Gepflogenheiten beim sprachlichen Umgang üblich sind. Helfen Sie ihm, seine Unsicherheit abzubauen, indem Sie ihm die ungeschriebenen Regeln erläutern: »Der Chef duzt alle, muß aber mit Herr ... angesprochen werden; untereinander nennt man sich überwiegend beim Vornamen, aber nicht, wenn

Kundschaft in der Nähe ist; die Leiterin der Buchhaltung ist sauer, wenn man ihren Doktortitel vergißt; ...« Unangemessene Vertraulichkeit kann Abwehr und Ablehnung provozieren, aber vorsichtige Zurückhaltung kann auch als Überheblichkeit und Arroganz interpretiert werden. Hinweise zur Sprachkommunikation im Unternehmen vermeiden Mißverständnisse und beschleunigen den Integrationsprozeß.

Eines der wichtigsten Merkmale eines Unternehmens ist das Maß seiner Zuwendung gegenüber seinem Markt. Ein Mensch, dem von seinen Vorgesetzten, Kollegen und Mitarbeitern keine Aufmerksamkeit und kein Interesse entgegengebracht wird, fühlt sich unwohl, ungeliebt und überflüssig. Genau das wird er allen Menschen, mit denen er im Büro und in seiner Freizeit kommuniziert, auch vermitteln. Ein Mitarbeiter des Unternehmens, der sich als wichtiges Mitglied der Gemeinschaft akzeptiert fühlt, wird seinen Stolz und seine Zufriedenheit seiner ganzen Umwelt mitteilen – seiner Familie, seinen Freunden, aber auch seinen beruflichen Gesprächspartnern. Eine bessere Botschaft kann ein Unternehmen sich nicht wünschen.

Der öffentliche Vortrag

Volksredner haben ihren Auftritt, seit wir unser Nomadenleben als Jäger und Sammler zugunsten eines festen Wohnsitzes aufgegeben und uns in Lebensgemeinschaften zusammengefunden haben. Jede Rede vor einer Gruppe bietet die Gelegenheit, Fakten und Ereignisse aus eigener Sicht, aber auch Meinungen und Wünsche zu erläutern. Wenn Sie einen Vortrag halten, können Sie Ihre Position und die Ihres Unternehmens mit gewählten Worten darstellen. Gleichzeitig werden Sie mit Ihrem Auftreten, dem Ton und dem Inhalt Ihrer Rede Ihren Zuhörern Ihre Einstellung vermitteln. Sprechen Sie als Vertreter Ihres Unternehmens, so werden Ihre Zuhörer diese Grundhaltung auf Ihr Unternehmen übertragen. Nutzen Sie diese Chance.

Als Redner vor einer internen oder externen Gruppe sind Sie stets dem Druck der Erwartungen Ihrer Zuhörer ausgesetzt: Diese wollen von Ihnen etwas hören, was neu und von Nutzen für sie ist. Diese Erwartung betrifft den Inhalt Ihrer Rede. Er sollte für Ihre Zuhörer (und nicht für Sie!) interessant oder wichtig sein. Vermeiden Sie Allgemeinplätze, und hüten Sie sich vor übertriebener Selbstdarstellung – Ihrer Person und Ihres Unternehmens. Menschen interessieren sich vorwiegend für Dinge, die sie selbst betreffen. An Ihnen als Mensch sind wahrscheinlich nur Ihre Sozialpartner interessiert. Eine übertriebene Selbstdarstellung wird als Überheblichkeit oder als fehlendes Selbstvertrauen interpretiert – Attribute, auf die Sie und Ihr Unternehmen bestimmt gern verzichten.

Schaffen Sie vor der inhaltlichen Auseinandersetzung eine gemeinsame begriffliche Basis, indem Sie die von Ihnen verwandten Grundlagen und Begriffe eindeutig definieren. Sollten Sie Aussagen verwenden, die mehrdeutig interpretiert werden können, dann nennen Sie auch Ihre Gründe für Ihre Sichtweise. Geben Sie Ihren Zuhörern Gelegenheit zu verstehen, warum für Sie »das Wetter gut ist«. So vermeiden Sie Mißverständnisse und sichern Ihren Standpunkt ab.

Auch wenn der Inhalt Ihres Vortrages interessant für Ihre Zuhörer ist, können Sie durch Beispiele aus ihrem Erlebnisbereich die Aufnahmebereitschaft steigern und ihnen das Verständnis für neue Gedanken erleichtern. Beispiele haben die Aufgabe, abstrakte Inhalte zu verdeutlichen, indem sie bekannte Erfahrungen auf neue Erkenntnisse übertragen. Nutzen Sie Ihre Kenntnisse über menschliche Denkweisen, sprechen Sie die Assoziationsfähigkeiten Ihrer Zuhörer an und lassen Sie komplette Bilder durch Schlüsselworte entstehen.

Für Redner im deutschen Bundestag galt ursprünglich das Gebot der freien Rede. Diese Regel ist mittlerweile leider zur Ausnahme verkommen. Eine hohe Abhängigkeit vom ausformulierten Manuskript kann aus Unsicherheit entstehen. Weitaus häufiger ist sie der äußere Nachweis, daß der Redner keine Beziehung zum Inhalt seiner Rede hat, ihn möglicherweise überhaupt nicht kennt. Er wird zum Automaten, der Informationen in Schriftform in Laute umsetzt, die er im schlimmsten Fall durch (im Manuskript festgelegte) Handbewegungen untermalt. Glaubwürdig werden Sie, wenn Ihr Vortrag Ihrer Überzeugung entspricht. Dann genügen Stichworte als Manuskript, damit Sie den Faden nicht verlieren. Auch können Sie Ihren Zuhörern in die Augen sehen und Reaktionen angemessen verwerten. Hüten Sie sich als Sprecher Ihres Unternehmens vor der Distanz und der Arroganz abgelesener Meldungen. Wenn Sie Ihre Rede nicht frei halten können oder wollen, lassen Sie lieber ein Video laufen. Das bewahrt Sie auch davor, Fragen beantworten zu müssen.

Auch für Vorträge und Reden gilt die Systematik des Verkaufsprozesses: Beziehung herstellen; Fragen aufwerfen, beantworten oder kommentieren; Aktionen ankündigen oder anstoßen. Diese Reihenfolge finden Sie auch in der Standard-Struktur vieler Reden wieder: »gestern« (Gemeinsamkeit), »heute« (Situation und Analyse), »morgen« (Prognose und Handlung). Wenn Sie Ihre Rede in dieser Form strukturieren, können Sie Ihren Zuhörern auch vermitteln, wann Sie fertig sind, ohne ihnen »für ihre Aufmerksamkeit zu danken«. Ihr letzter Satz sollte immer in die Zukunft weisen – eine gemeinsame oder die Ihrer Zuhörer. Erfahrene Redner formulieren ihre Einleitung und ihren Schlußsatz sorgfältig aus und lernen sie auswendig. Dann müssen sie nicht nach Worten suchen, sondern können sich vollständig auf die Vermittlung ihrer Botschaft konzentrieren.

Eine Rede vor einer Gruppe von Menschen vermittelt stets neben dem sachlichen Inhalt die Einstellung des Redners gegenüber seinen Zuhörern: Chef und Mitarbeiter, Vertriebsleiter und Verkäufer, Trainer und Lernende, Geschäftsführer und Journalisten, Vorstand und Kapitaleigner. Mit Ihrer Rede können Sie Gleichgültigkeit, aber auch Interesse und Zuwendung demonstrieren – als Mensch gegenüber Ihren Zuhörern, aber zugleich als Unternehmen gegenüber seinem Markt.

Verhaltensweisen und Verfahren

»Der benimmt sich wie die Axt im Wald!« Die stärkste Kommunikationswirkung geht von Verhaltens- und Vorgehensweisen aus. Wir beobachten und interpretieren, wobei wir aus bestimmten Verhaltensmustern auf Zustände, Merkmale und Eigenschaften schließen. Umgekehrt beschreiben wir einen (vermuteten) Zustand durch die entsprechende Verhaltensweise:

- »Sie läuft ihm hinterher.«
- »Er sitzt auf einem hohen Roß.«
- »Sie sucht in den Krümeln.«
- »Er verkauft die eigene Großmutter.«
- »Sie bettet ihn auf Rosen.«

Verhaltensweisen ziehen wir auch zur Bewertung heran, wenn andere Informationen fehlen, unvollständig sind oder von uns angezweifelt werden: Wenn er ihr nicht sagt, daß er sie liebt, beobachtet sie sein Verhalten ihr und anderen Menschen gegenüber und zieht daraus ihre Schlüsse.

Die Einstellung Ihres Unternehmens gegenüber seinen Mitarbeitern kann in den Unternehmensgrundsätzen schriftlich formuliert sein. Glaubhaft wird sie, wenn sie in Verfahren, Vorgehensweisen und Handlungen »gelebt« wird. Auswirken kann sich ein solches Verhalten auf:

- Arbeitsverträge,
- die Eingliederung neuer Mitarbeiter,
- Betriebsfeiern,
- Arbeitszeitregelungen,
- Beurteilungssysteme,
- Beteiligungsmodelle und
- Aus- und Weiterbildungsmaßnahmen.

Primär wirken positive und negative Verhaltensweisen in diesen Bereichen auf Ihre eigenen Mitarbeiter. Diese geben ihre Eindrücke, Meinungen und Empfindungen an ihre Umwelt weiter. Deutlich wird dieses Verhalten, wenn Mitarbeiter die Arbeitsstelle wechseln. Sie kennen bestimmt Kollegen oder Mitarbeiter, die kein gutes Haar an ihrer vorherigen Firma lassen. Sie haben es bestimmt auch schon erlebt, daß ein neuer Mitarbeiter immer wieder erzählt, wie toll seine letzte Firma war und wie viele Dinge dort besser und schöner gehandhabt wurden. Wenn Sie wechseln würden: Welches Unternehmen würden Sie bevorzugen? Die Mitarbeiter jedes Unternehmens sind wichtige Kommunikationsmittel. Sie sollten auch als solche angemessen behandelt werden.

Die Art, wie Sie mit Ihren Marktpartnern – Lieferanten, Dienstleistern, Absatzmittlern – umgehen, dokumentiert, ob Sie sie als gleichberechtigte Partner akzeptieren oder sie als notwendiges Übel dulden. Wortlaut und »Geist« vertraglicher Regelungen können bereits Ihre Grundhaltung vermitteln. Das gilt insbesondere für die:

- Verteilung von Rechten und Pflichten,
- Wettbewerbsbedingungen,
- Termine und Fristen und
- Streitfallregelungen.

Bedeutender hinsichtlich der Kommunikationswirkung ist die praktische Handhabung der vereinbarten Vertragsbestimmungen: Wird stur nach dem Wortlaut eines Abkommens verfahren oder bemühen sich beide Partner, eine für alle Beteiligten zufriedenstellende Vorgehensweise einzuhalten. Eine mögliche Grundeinstellung wäre, alle Marktpartner als direkten Kommunikationskanal zum Markt anzusehen.

Ihre Kunden haben von Ihnen eine Leistung bezogen und dafür bezahlt. Wie sie nach Abschluß eines Kaufvertrages behandelt werden, zeigt die Grundhaltung des Unternehmens: Sind sie Kühe, die gemolken werden müssen, oder sind sie Partner im Markt, die Anspruch auf aufrichtige Zuwendung haben. Das zeigt sich besonders bei:

- Hilfeersuchen,
- Reklamationen,
- Nachforderungen,
- Zahlungsschwierigkeiten,
- nachträglichen Änderungen und
- Irrtümern.

Wenn Ihre Kunden nicht nur einmalig ihren Beitrag zu Ihrem Umsatz und Gewinn leisten sollen, können Sie ihnen mit Ihrem Verhalten Ihre Wertschätzung unter Beweis stellen und ihnen zeigen, daß ihre Entscheidung für Sie richtig war. Über die Sicherung Ihres Kundenstammes hinaus erreichen Sie damit, daß jeder Ihrer Kunden in Ihrem Sinn als Kommunikationsmittel in Ihrem Markt wirkt.

Das öffentliche Verhalten Ihres Unternehmens umfaßt mehr als Gutes zu tun und darüber zu reden. Ihr Unternehmen ist Bestandteil unserer Gesellschaft und nimmt damit am öffentlichen Leben teil. Seine Verhaltensweisen werden somit auch unter dem Aspekt des Nutzens für die Gesellschaft betrachtet und bewertet. Erkennbar wird er durch:

- die Teilnahme an Veranstaltungen,
- die Förderung von Einrichtungen,
- die Reaktionen auf Marktänderungen,
- die Information über Vorkommnisse,
- die Stellungnahme zu Meldungen,
- das Eingeständnis von Fehlern,
- die Behandlung wirtschaftlich Schwächerer,
- das Umweltverhalten,
- die Steuerehrlichkeit und
- die politische Einflußnahme.

Wenn Ihr Unternehmen das Vertrauen der Öffentlichkeit gewinnen und bewahren will, gilt eine ganz einfache Grundregel: Es sollte keine Diskrepanz zwischen dem verkündeten gesellschaftlichen Nutzen und dem Verhalten des Unternehmens gegenüber seinem Markt bestehen.

Arbeitsverträge

Verkehrte Welt? Den Erbringer von Leistungen nennt man Arbeitnehmer und der Empfänger ist der Arbeitgeber. In diesem Sinn sind die meisten Verträge zwischen Unternehmen und arbeitenden Menschen formuliert, gleich ob sie Arbeits-, Anstellungs- oder Dienstvertrag heißen. Ihre Grundhaltung lautet: »Der Arbeitnehmer schuldet seinem Dienstherrn Dank dafür, daß ihm Arbeit gegeben wird.« Sollten wir nicht im Zeitalter partnerschaftlicher Beziehungen zwischen Unternehmen und Mitarbeitern die verwendete Terminologie und die Formulierung einer Überprüfung unterziehen? Damit könnten wir zu einem neuen Verständnis des Vertragsverhältnisses gelangen, und wir nutzen den Anstellungsvertrag als positives Kommunikationsmittel.

Haben Sie schon einmal einem Unternehmen, für das Sie arbeiten wollten, einen Vertragsentwurf unterbreitet? Hat Ihnen schon einmal ein Bewerber seine Vertragsbedingungen zur Unterschrift übersandt? Auf höchster Führungsebene in Großunternehmen kommt es bestimmt vor, daß die umworbene Führungskraft ihre Bedingungen zur Grundlage der Beziehungen macht. Der übliche Arbeitsvertrag vom gewerblichen Arbeitnehmer bis zum Manager ist jedoch ein Vordruck, der freie Stellen für variable Einträge enthält und mit der Feststellung endet, daß keine Vereinbarungen außerhalb dieses Vertrages getroffen wurden. Als Bewerber müssen Sie über eine ausgeprägt starke Position verfügen, um Änderungen, Ergänzungen oder sogar Streichungen des vorgedruckten Vertragstextes durchzusetzen. Ist dieses Verfahren auch in Ihrem Haus Dogma, oder zeigen Sie in diesem Bereich Ihre Flexibilität?

Manchmal sind es wirklich nur Kleinigkeiten, mit denen der »Geist« des Vertragswerkes beeinflußt werden kann: »Mitarbeiter« statt »Arbeitnehmer«, »Mehrarbeit« statt »Überstunden« und »beachtet« statt »ist verpflichtet« sind zwar nur andere Worte. Ihre Anwendung dokumentiert jedoch, daß nicht der Patriarch die Verhaltensweisen vorschreibt, sondern die Beziehungen von Geben und Nehmen geregelt werden. Wenn Ihnen ein Vertrag angeboten wird, der alle Ihre Pflichten akribisch aufführt, Ihre Rechte jedoch als Großzügigkeit des Unternehmens darstellt, wissen Sie, was Sie erwartet. Auf Erholungsurlaub besteht in Deutschland ein Rechtsanspruch. Überheblich klingt es daher, wenn das Unternehmen »Urlaub gewährt«. Auch die Fortzahlung der Bezüge im Krankheitsfall ist gesetzlich geregelt und muß nicht als besondere Leistung herausgestellt werden.

Haben Sie aber in einem Vertrag schon eine Aussage über den Anspruch des Mitarbeiters auf Weiterbildung gefunden? Wann hat sich jemals ein Unternehmen verpflichtet, über den Mitarbeiter und seine Merkmale auch nach seinem Ausscheiden Stillschweigen zu bewahren? Welcher Arbeitgeber billigt seinen Angestellten vertraglich das Recht zu, unbezahlte Überstunden abzulehnen? Das Gegenteil ist eher der Fall: Alle Zusatzvergütungen wie Gratifikationen, Boni und Prämien werden, falls überhaupt im Vertrag erwähnt, als jederzeit widerrufbare freiwillige Leistungen deklariert, auf die der Mitarbeiter keinerlei Anspruch hat – unabhängig von seiner Leistung. Der Fortfall dieser Klauseln könnte sehr motivierend wirken.

Auffällig ist, wieviele Paragraphen eines Standardvertrages für den Streitfall vorgesehen sind. Vielleicht sollen sie nur abschreckend wirken, weil Prozesse vor dem Arbeitsgericht den meisten Unternehmen sehr unangenehm sind. Die Rechtssicherheit eines abgeschlossenen Vertrages ist bestimmt nicht unwichtig. Sie sollte jedoch nicht das dominierende Merkmal sein, unter dem die Beziehung zwischen Mensch und Unternehmen geregelt wird. Verträge, die von Rechtsanwälten entworfen und formuliert werden, eignen sich gut für Grundstücksgeschäfte und Gesellschafterbeziehungen. Arbeitsverträge sollten zur Kontrolle möglichst von einer wahren Führungskraft gelesen werden, bevor sie im Betriebsalltag Verwendung finden.

Ein Anstellungsvertrag regelt die Bedingungen, unter denen eine Arbeitsleistung erbracht und verwertet wird. Arbeitsverträge, in denen das Geben des Unternehmens auf die regelmäßige Bezahlung einer Entlohnung beschränkt bleibt, rechtfertigen keine hohen Ansprüche an die Einsatzbereitschaft seiner Mitarbeiter. Verträge, die auf partnerschaftlichen Beziehungen basieren, machen Mitarbeiter zu Mitunternehmern mit Engagement, Identifikation und Motivation. Der Umwelt des Unternehmens wird auch das nicht verborgen bleiben.

Eingliederung neuer Mitarbeiter

»Ein Viertel aller neu eingestellten Mitarbeiter verläßt innerhalb des ersten Jahres das Unternehmen wieder.« Diese Erfahrung ist nicht nur unangenehm für den Mitarbeiter, der sich um eine neue Arbeitsstelle bemühen muß. Für das Unternehmen wird das vorzeitige Ausscheiden zum teuren Spaß. Ein neuer Mitarbeiter muß gesucht, eingeführt und eingearbeitet werden. Die Kosten dafür können bei Führungskräften ein Jahreseinkommen übersteigen. Kann bessere Kommunikation die Trefferquote erhöhen?

Die erfolgreiche Eingliederung neuer Mitarbeiter ist in erster Linie eine Kommunikationsaufgabe, deren erfolgreiche Bewältigung unmittelbar in Mark und Pfennig ausgerechnet werden kann. Sie beginnt bereits vor der Ausschreibung der zu besetzenden Funktion und endet nicht unbedingt mit der Überführung des Neuen in das betriebliche Personalentwicklungssystem.

Die Integration eines Mitarbeiters in ein Unternehmen beinhaltet gleichermaßen die Übertragung von Aufgaben und die Einbeziehung in das soziale Gefüge des Unternehmens. Natürlich ist die fachliche Qualifikation ein wichtiges Kriterium. Mindestens gleichbedeutend ist jedoch, daß sich der neue Mitarbeiter als Mensch in der neuen Umgebung wohlfühlt. Dazu gehören neben der Zufriedenheit mit der gestellten Aufgabe vor allem die Akzeptanz durch andere und die Identifikation mit der Identität des Unternehmens.

Bereits im Vorfeld der Stellenausschreibung sollte für Klarheit und Transparenz gesorgt werden. Bei der Beschreibung der zu besetzenden Funktion sind die fachlichen Anforderungen wichtig. Noch bedeutsamer sind jedoch soziale Merkmale und Eigenschaften, die der Kandidat aufweisen sollte, um zum

Unternehmen zu passen. So darf schon die Stellenausschreibung keinen Zweifel an der gewünschten Persönlichkeit lassen, und auch die Gespräche vor Vertragsabschluß sollten neben Aufgabenstellung und Zielsetzung ausführlich auf Arbeitsumgebung, Gepflogenheiten und besondere Merkmale des Unternehmens und seiner Mitarbeiter eingehen. Ehrlichkeit ist hier das oberste Gebot.

Ist der Vertrag unterschrieben, darf die Integration bereits beginnen. Speziell bei Führungskräften können zwischen Vertragsabschluß und Arbeitsaufnahme mehrere Monate liegen. In dieser Zeit ist es sehr wichtig, dem neuen Mitarbeiter die Richtigkeit seiner Entscheidung zu dokumentieren und ihm zu vermitteln, daß »seine« neue Firma sich auf ihn freut und ihn erwartet. Hierfür eignen sich Kommunikationsmittel von der Einladung zum Stammtisch über die Hauszeitschrift bis zur Übersendung von Besprechungsprotokollen des zukünftig zu betreuenden Bereiches.

Bei über 80 % aller Betroffenen fällt die Entscheidung zum vorzeitigen Ausscheiden am ersten Tag im neuen Unternehmen. Dieser Tag kann deshalb kaum gewissenhaft genug vorbereitet werden. Jeder »Neue« – von der Putzfrau bis zum Direktor – verspürt am ersten Tag Unsicherheit über das, was ihn erwartet. Ihm diese Unsicherheit zu nehmen und zu zeigen, daß er erwartet und willkommen ist, ist eine wichtige Kommunikationsaufgabe. Sie reicht vom Empfang mit Sekt über die Begrüßung und Vorstellung bis zur Übergabe von Schlüssel, Visitenkarten und Büro. Eine Vase mit frischen Blumen am Arbeitsplatz sagt mehr als ein Händedruck. Das schlimmste, was dem neuen Mitarbeiter passieren kann, ist ein abwesender Verantwortlicher, ein Empfang, der von nichts weiß, mißtrauische Kollegen mit bissigen Bemerkungen, die den »Neuen« über seinen Aufgabenbereich ausfragen, und ein Notbüro im Archiv, weil die Einrichtung seines Arbeitsplatzes vergessen wurde. Danach bedarf es schon viel Engagements, um den Eindruck des ersten Tages zu verwischen.

Steht der erste Tag im Unternehmen vorwiegend unter dem Zeichen sozialer Integration, so beginnt danach die Phase der fachlichen Eingliederung. Hierfür existieren zahlreiche Modelle von der Betreuung durch einen Paten bis zum mehrmonatigen Einführungskurs. Wenn die Aufgabe anspruchsvoll genug ist, um nicht nach kurzer Einweisung sofort wahrgenommen werden zu können, ist die Methode »ins Wasser werfen und schwimmen lassen« mit Sicherheit die ineffizienteste.

Hat der neue Mitarbeiter die Probezeit überstanden, ist es Aufgabe seiner Führungskraft, ihn in das kontinuierliche Personalentwicklungssystem des Unternehmens einzugliedern. Damit dokumentiert das Unternehmen seine Bereitschaft zu langfristigem Engagement mit einer Investition in die persönliche Entwicklung des Mitarbeiters.

Bei der Auswahl und Eingliederung neuer Mitarbeiter hat die systematische Information und Kommunikation maßgeblichen Einfluß auf den langfristigen Erfolg. Der neue Mitarbeiter entwickelt sein Bild vom Unternehmen aus zahlreichen Einzelinformationen in Worten, Bildern, Formen und Verfahren. Widersprüche und Unklarheiten führen zu Unsicherheit und Enttäuschung ausgerechnet in einer Phase, die den Beginn eines neuen Lebensabschnittes markiert.

Auch ein neuer Mitarbeiter ist ein Teil des Marktes des Unternehmens, und er will genau und wahrheitsgemäß über seinen neuen Arbeitgeber informiert werden. Damit steigt die Wahrscheinlichkeit, daß er im Unternehmen bleibt und erfolgreich die ihm übertragenen Aufgaben erfüllt.

Betriebsfeiern

Sechzig Mark pro Mitarbeiter erkennen die Finanzbehörden als steuerfreie Zuwendung bei Betriebsveranstaltungen ohne besonderen Nachweis an. Es kann aber auch mehr sein – wenn der höhere Betrag »üblich« ist oder das Unternehmen die Lohnsteuer pauschal übernimmt. Für ein mittleres Unternehmen kommt so schnell ein fünfstelliger Betrag zusammen. Er sollte eigentlich zu den Investitionen des Unternehmens in seine Zukunft zählen. Leider ist es nur zu oft rausgeworfenes Geld, weil viele Mitarbeiter die Veranstaltung als lästige Pflichtübung ansehen. Ist das Verhältnis zwischen Führung und Belegschaft grundsätzlich gestört, wird auch die gemeinsame Feier die Kluft nicht überwinden. Mitarbeiter mit Rückgrat bleiben dann mit oder ohne Begründung fern. Der Rest ist sich zwar in der Ablehnung einig, nimmt aber trotzdem teil, um nach Möglichkeit »die Sau rauszulassen«. Nur untereinander und im Bekanntenkreis wird kräftig auf die Geschäftsleitung und »deren« Feier geschimpft.

Eine gelungene Betriebsfeier kann jedoch auch eine hochrentable Investition sein. Besonders erfolgreich wirkt sie, wenn sie nicht nur eine einmalige Alibifunktion erfüllt, sondern eine von vielen Formen der Zuwendung zwischen Führung und Belegschaft ist. Dann feiern nicht nur alle fröhlich miteinander.

Ihre Begeisterung wirkt auch auf Familienangehörige, Kunden, Marktpartner und die Umwelt am Veranstaltungsort. Besser als mit einer gelungenen Betriebsfeier, auf die sich alle Beteiligten schon Wochen vorher freuen, und von der sie danach noch lange schwärmen, kann sich ein Unternehmen kaum seiner Umwelt als harmonische, abgerundete Persönlichkeit präsentieren.

Eine Belegschaft, die von ihrer Führung für arbeitsscheu, nachlässig und gewissenlos gehalten wird, erfüllt in der Regel diese Erwartungen ihrer Vorgesetzten. Diese Führungsmängel lassen sich auch nicht kompensieren, indem die »lieben Mitarbeiter« zum Betriebsfest geladen werden. Sie werden auch dort, zum Ärger des Chefs oder Inhabers, bemüht sein, die Situation zu ihren Gunsten auszunutzen. In diesem Fall sollte die Geschäftsführung das eingeplante Geld lieber in die eigene Ausbildung zur Menschenführung investieren.

Vor jeder Veranstaltung, die ein Unternehmen für seine Mitarbeiter plant, sollte die Führungsmannschaft festlegen, was damit erreicht werden soll. Allgemeine Formulierungen wie »Verbesserung des Betriebsklimas« oder »Jährliche Weihnachtsfeier« sind dafür ungeeignet. Auch für Betriebsfeiern gelten die Unternehmensziele und die daraus abgeleiteten Grundverhaltensweisen. Gemeinsame Veranstaltungen dienen der Kommunikation. Was kommuniziert werden soll, steht in der Kommunikationsstrategie des Unternehmens. So kann es auch nicht Sinn einer Veranstaltung sein, daß die Geschäftsführung nur wohlwollend dabeisitzt und nachher die Rechnung bezahlt.

Natürlich ist es wichtig, die Mitarbeiter in die Planung und Vorbereitung der Veranstaltung einzubeziehen. Gefahr droht hier von der Gruppe der »etablierten Ausrichter«, die schon immer die Feste vorbereiteten. Manchmal entgeht ihnen, daß ihre Ideen und Vorstellungen nicht mehr den Erwartungen der Mehrheit entsprechen. Dabei spielt bestimmt die Trägheit der Teilnehmer eine Rolle, aber auch ihre Hemmungen, die ausrichtenden Kollegen zu frustrieren. Hinweise kann eine Umfrage liefern, die jedem anonym Gelegenheit gibt, sich zu Sinn, Form und Inhalt der Veranstaltung zu äußern. Damit kann auch die Zielsetzung der Feier einer kritischen Prüfung unterzogen werden. Auch die Bestimmung des »Festkomitees« durch Losentscheid kann einer möglichen Verkrustung vorbeugen.

Sind die Mitarbeiter bestimmt, die an Planung, Vorbereitung und Durchführung mitwirken, sollten sie von der Geschäftsführung über die Ziele der Veranstaltung informiert werden. So läßt sich bereits im ersten Gespräch Konsens über den grundsätzlichen Ablauf erreichen. Zeigen sich zu diesem Zeitpunkt grundsätzliche Meinungsunterschiede, die sich nicht im Gespräch beilegen lassen, sollte in Erwägung gezogen werden, die Feier ausfallen zu lassen. In diesem Fall empfiehlt es sich, die innerbetriebliche Kommunikation einer grundlegenden Überprüfung zu unterziehen.

Besteht Einigkeit über die Zielsetzung und die Vorgehensweise, kann die Geschäftsführung sich weitgehend zurückziehen und den Mitarbeitern die Umsetzung überlassen. Regelmäßige Abstimmungsgespräche dienen der Zielerreichung und der Vertrauensbildung: Weder sollte die Geschäftsführung durch unerwartete Darbietungen düpiert werden, noch sollten die Mitarbeiter durch eigenmächtige Eingriffe in den Ablauf überfahren, frustriert oder gelangweilt werden.

Auch bei einer Betriebsfeier außerhalb der regulären Geschäftszeit sollte sich die Geschäftsleitung ihrer Verantwortung bewußt sein. Die hohe Anzahl alkoholbedingter Unfälle in der Vorweihnachtszeit erfordert, daß vorbeugende Maßnahmen zur Verhütung geplant werden. Die zusätzlichen Kosten für Taxifahrten oder eine Übernachtung am Ort fallen gegenüber den Unfallkosten eines Mitarbeiters kaum ins Gewicht. Dem Trend zu alkoholarmen oder -freien Getränken sollte mit der Bereitstellung eines entsprechenden Angebotes Rechnung getragen werden.

Jede Kommunikationsmaßnahme muß auf ihre Wirkung hin überprüft werden. So ergibt auch die anschließende Befragung der Mitarbeiter – möglicherweise wiederum anonym – wertvolle Hinweise auf den Nutzen der Investition und mögliche Verbesserungen.

Jede Betriebsfeier gibt deutliche Hinweise auf das Verhältnis zwischen Unternehmen und Mitarbeitern. Sie soll helfen, aus der Summe der einzelnen Persönlichkeiten eine homogene Identität des Unternehmens zu entwickeln. Als Kommunikationskür zeigt sie auch die Leistungsbereitschaft von Unternehmen und Mitarbeitern. Für eine Pflichtübung ist der Aufwand zu hoch.

Arbeitszeitregelungen

»Gehen Sie etwas früher, weil Sie etwas später gekommen sind?« Mit dieser Frage kann jeder Chef seinem Angestellten sein Wissen demonstrieren und gleichzeitig seinen Erwartungen hinsichtlich der Einhaltung der Arbeitszeitregelung Ausdruck verleihen. Neidvoll blickt jener dann auf Mitarbeiter an-

Marktkommunikation in der Praxis

derer Unternehmen, die ihre Arbeitsleistung so verteilen können, wie es ihren persönlichen Stärken entspricht. Betriebliche Regelungen der Arbeitszeit sind für die Umwelt transparent – als Kunden, Lieferanten und Dienstleister, aber auch als Nachbarn oder Bekannte. Sie alle registrieren, ob im Unternehmen »um fünf der Griffel fällt«, permanente Überstunden geleistet werden müssen oder hohe Flexibilität für jeden Mitarbeiter selbstverständlich ist. Jede dieser Varianten sagt mehr über das Unternehmen und seine Merkmale aus, als im Imageprospekt beschrieben werden kann.

Einige betriebliche Funktionen kommen ohne starre Regeln für Beginn und Ende der Arbeitszeit nicht aus. Eine Telefonzentrale oder ein Empfang können nicht verspätet besetzt oder vorzeitig verlassen werden. Produktionsstätten mit Schichtbetrieb müssen Maschinenlaufzeiten und Arbeitszeit aufeinander abstimmen. Das Beispiel Volvo zeigt, daß auch hier zukünftig alternative Lösungen möglich sind. Für die meisten Büroarbeitsplätze ist die Vorschrift über Beginn und Ende der Arbeitszeit jedoch ein Relikt aus der Zeit der Stehpulte und Ärmelschoner. So besteht sie auch häufig nur formal fort, während die praktische Handhabung längst aktuellen Erfordernissen angepaßt wurde. Konsequent wäre es, flexible Regelungen auch formal zu legalisieren.

Regeln, deren Sinn uneinsichtig ist, führen dazu, mißachtet zu werden: »Ist die Katze aus dem Haus, tanzen die Mäuse.« Wir kennen die Anwendung dieses Sprichwortes auf Unternehmen: Hat der große oder kleine Boss das Haus vorzeitig verlassen, können nur noch technische Gründe die Beschäftigten veranlassen, bis zum Glockenschlag auszuharren. Es muß schon ein schlimmes Verhältnis zwischen Führung und Mitarbeitern sein, wenn nur die Präsenz des Chefs die Angestellten zum Bleiben veranlaßt. In diesem Fall liegt der Schluß nahe, daß er mehr Wert auf Quantität als auf Qualität legt und die Verweildauer im Büro zum Maßstab für die Arbeitsleistung verkommen ist.

Die Verkürzung der Wochenarbeitszeit ist derzeit wieder Kernthema gewerkschaftlicher Forderungen geworden. So legitim dieser Wunsch für gewerbliche Arbeitnehmer ist, so unsinnig wird die sklavische Anwendung verkürzter Tarifarbeitszeiten auf qualifizierte Angestellte: Sie ist nicht durch Neueinstellungen zu kompensieren, weil die Aufgaben zu spezifisch sind. Auch läßt sich die Arbeit eines Produktmanagers nicht auf 1,1 Produktmanager verteilen. Da in qualifizierten Funktionen in der Regel Mehrarbeit nicht vergütet wird, ergeben sich in jedem Fall Nachteile: entweder für das Unternehmen, weil weniger Aufgaben wahrgenommen werden, oder für den Mitarbeiter, weil er unentgeltlich mehr arbeiten muß.

In einem gut geführten Unternehmen besteht Konsens zwischen Mitarbeitern und Führung über die zu leistenden Aufgaben. Ist der Zeitrahmen vereinbart, so besteht darüber hinaus keine Notwendigkeit, die Verteilung der Arbeitsleistung auf Stunden oder Tage vorzuschreiben. Manche Menschen haben im Sommer morgens zwischen fünf und acht ihre höchste Leistungsfähigkeit, andere geraten erst nach sechs Uhr abends richtig in Form. Wenn nicht bestimmte Kernzeiten für die Kommunikation innerhalb und außerhalb des Unternehmens unverzichtbar sind, kann völlige Freizügigkeit bei der Wahl der Arbeitszeit die Produktivität nur steigern. Bestimmt wird es Mitarbeiter geben, die etwas straffer geführt werden müssen. Übertragene Verantwortung reicht jedoch meistens aus, um Mitarbeiter für unternehmerisches Denken und Handeln zu begeistern.

Gleitzeit mit entsprechender Kontrolle schafft bereits ein gewisses Maß an Flexibilität: Innerhalb des vorgegebenen Rahmens kann der Mitarbeiter seine Arbeitszeit selbst gestalten. Damit werden jedoch zeitliche Mehrleistungen transparent und müssen entweder vergütet oder ausgeglichen werden. Das kann sich zu gravierenden Nachteilen auswachsen, wenn keine Vergütung möglich oder vorgesehen ist. Der Mitarbeiter muß Freizeit nehmen, ob es seinem Arbeitsanfall entspricht oder nicht. Damit setzt er sich unter Druck, arbeitet trotz Freizeit oder nimmt Aufgaben aus zeitlichen Gründen nicht wahr.

Flexible Arbeitszeit ohne Kontrolle birgt das Risiko des Mißbrauches in sich. Erfahrungsgemäß arbeiten jedoch Mitarbeiter ohne Zeitkontrolle regelmäßig länger als die vereinbarte Arbeitszeit. Wahrscheinlich sind sie durch den Fortfall der Kontrolle besser motiviert und stärker engagiert, und sie müssen auch nicht ständig auf die Vermeidung von »Überstunden« achten.

Arbeitszeitregelungen verraten der Umwelt, ob das Unternehmen selbständige, verantwortliche Mitarbeiter beschäftigt oder eine Herde unmündiger, unwilliger moderner Sklaven antreibt und überwacht. Ein Rückschluß auf die Unternehmensleistungen liegt nahe.

Beurteilungssysteme

»Im Namen des Volkes...« Mit diesen Worten beginnt jede Urteilsverkündung an deutschen Gerichten. Sie zieht den Schlußstrich unter Antrag, Beweisaufnahme und Stellungnahme. Unter Würdigung aller Fakten soll eine gerechte und unbeeinflußte Entscheidung gefällt werden. Mitarbeiterbeurteilungen kennen ein verkürztes Verfahren: Der Richter (Chef) liest sein Urteil vor, der

Beklagte (Mitarbeiter) kann Stellung beziehen, bevor er sein Urteil unterschreiben darf. Ein solches Verfahren läßt sich kaum mit partnerschaftlicher Zusammenarbeit vereinbaren. Besser ist es, wenn die Leistungsbewertung aus kontinuierlicher Kommunikation zwischen Führung und Mitarbeitern entsteht. So wird die Entscheidungsfindung transparent für den Mitarbeiter, weil es auch keine Mißverständnisse über die gegenseitigen Erwartungen gibt.

Ergebnisse lassen sich nur in Relation zu gesetzten Zielen bewerten. Jedes Beurteilungssystem sollte deshalb auf Zielen aufbauen, die zwischen Mitarbeiter und Vorgesetztem vereinbart sind. Betreffen sie Mengen, so ist eine Beurteilung relativ einfach: Wurde der Sollumsatz erreicht? Wurde die Zeitvorgabe zur Erledigung eingehalten? Wurde die vereinbarte Arbeitsmenge ausgeführt? Auch relative Mengenangaben sind denkbar:

- Verkürzung einer Durchlaufzeit,
- Verbesserung der Ausbeute,
- Verlängerung der Interventionsintervalle.

Alle quantitativen Ziele erlauben eine direkte und nachvollziehbare Ergebnisfindung: verfehlt, erreicht oder übertroffen.

Betreffen vereinbarte Ziele die Qualität der Ausführung, sollten sich Chef und Mitarbeiter zuvor absprechen, welche Maßstäbe zur Bewertung verwendet werden sollen:

- Was bedeuten bessere Kontakte zu Pressevertretern?
- Woran erkenne ich die hohe Qualität von Angeboten?
- Wie messe ich die Arbeitsgüte eines Vorganges?
- Wann sind Lernfähigkeit und -bereitschaft hoch?

Qualitätsurteile basieren weniger auf absolut meßbaren Ergebnissen als auf dem Vergleich mit den Resultaten anderer Mitarbeiter. Ist eine direkte Quantifizierung nicht möglich, so können methodische Werkzeuge die Entscheidungsfindung erleichtern. Sie bilden Relationen zwischen allen Mitarbeitern und liefern als Ergebnis eine Rangfolge der Bewerteten (besser/durchschnittlich/schwächer). Zur Ausschaltung persönlicher Vorlieben und Abneigungen können diese Werkzeuge zusammen mit der Gruppe der betroffenen Mitarbeiter angewandt werden. Die ermittelte Rangfolge ist dann das Ergebnis der Gruppenmeinung. Der beurteilende Vorgesetzte kann damit seine persönliche Meinung einer kritischen Überprüfung unterziehen.

Marktkommunikation in der Praxis

Ein besonders sensibler Bereich der Mitarbeiterbeurteilung ist das Kommunikations- und Gruppenverhalten. Kaum ein Vorgesetzter wird intensiv genug mit der Gruppe seiner Mitarbeiter vertraut sein, um aus eigener Sicht ein Urteil darüber abgeben zu können – es sei denn, die Verhaltensweisen wichen extrem vom Durchschnitt ab. Eine Lösung bietet auch hier die relative Positionierung durch die Mitarbeiter selbst. Der Entscheidungsfindungsprozeß dauert damit zwar länger, bietet jedoch wahrscheinlich realistischere Ergebnisse als die Einschätzung durch den Vorgesetzten.

Beurteilungssysteme werden gerne als Werkzeug zur Personalentwicklung dargestellt. Sie sollen helfen, besondere Stärken des Mitarbeiters zu erkennen und zu fördern und ihn auf vorhandene Schwächen hinzuweisen. Ein völlig offenes Geheimnis ist jedoch, daß jede Beurteilung zur Gehaltsfindung herangezogen wird und in die Personalakte wandert. Deshalb ist es auch besonders wichtig, daß der beurteilte Mitarbeiter weiß, woran er gemessen wird und woraus die Bewertung ermittelt wurde. Fehlen ihm diese Kenntnisse, so wird er die Beurteilung als einen Akt reiner Willkür des jeweiligen Vorgesetzten ansehen, bei dem jene Mitarbeiter am besten abschneiden, die besonders das persönliche Wohlwollen des Chefs erwerben konnten – wie auch immer.

Auch Vorgesetzte werden beurteilt – von ihren Chefs, aber auch von ihren Mitarbeitern. Leider legen nur sehr wenige Führungskräfte Wert auf das Urteil ihrer Mitarbeiter. Ist es mangelndes Selbstvertrauen, diktatorische Dominanz oder Überheblichkeit, wenn Chefs die Meinung ihrer Mitarbeiter über sie nicht wahrnehmen wollen oder können? Sie können von den Ergebnissen nur profitieren. Gerade für eine wirkliche Führungskraft ist die Einschätzung ihrer Mitarbeiter besonders wichtig. Gemessen wird eine Führungskraft daran,

- ob genannte Ziele klar und Entscheidungen richtig sind,
- ob sie Rücksicht auf die Gefühle ihrer Mitarbeiter nimmt und sich auch mal vor sie stellt,
- ob sie die Fähigkeiten, aber auch die Grenzen ihrer Mitarbeiter wirklich kennt und hilfreiches Feedback gibt,
- ob sie kreativ ist und Phantasie für Chancen und Risiken hat.

Die Verbesserung des Führungsverhaltens ist Bestandteil methodischer Verfahren zur ganzheitlichen Unternehmensführung. Inhaber, Geschäftsführer und Bereichsleiter können lernen, ihre Mitarbeiter zu unternehmerischem Denken und Handeln zu führen. Es gibt Institute, die speziell auf diesem Sektor Methodentrainings durchführen. Sie sind erfolgreich, wenn die trainierten

Führungskräfte erkennen und akzeptieren, daß ihr Führungsstil über den Erfolg ihrer Mitarbeiter entscheidet.

Beurteilungssysteme für Mitarbeiter können als Druckmittel eingesetzt werden, um Einkommensforderungen abzuwehren. Sie erzeugen Frust, und die Arbeitnehmer werden alle ihre Gesprächspartner daran teilhaben lassen. Beurteilungssysteme können auch auf der Kommunikation zwischen Führung und Mitarbeitern basieren und gemeinsame Erfolge vorbereiten und sichern. Das daraus entstehende Engagement aller Beteiligten ist ein Unternehmensmerkmal, das es verdient, kommuniziert zu werden.

Beteiligungsmodelle

»Unsere Mitarbeiter sind unser wichtigstes Kapital.« Ein solcher Satz wirkt immer gut, wenn er in den Unternehmensleitsätzen steht. Glaubwürdig wird er, wenn die Eigner dieses Kapitals auch am Erfolg seines Einsatzes partizipieren. Während das Einkommen oberer Führungskräfte fast immer in feste und erfolgsabhängige Anteile aufgeteilt ist und mittlere Führungskräfte einen Bonus als Bonbon erhalten, sind Gewinnbeteiligungen für einfache Lohn- und Gehaltsempfänger die ausgesprochene Ausnahme. Ihre Motivations- und Kommunikationswirkung entfalten sie jedoch unabhängig von Hierarchieebenen. Sie müssen nur sorgfältig geplant und korrekt umgesetzt werden.

Viele kleine und mittlere Angestellte registrieren neidvoll, wie Chefs, Manager und Führungskräfte üppige Gewinnbeteiligungen einstreichen. Sie fordern gleiches Recht und gleiches Geld für alle, übersehen dabei jedoch, daß eine Beteiligung abhängig von der persönlichen Wertschöpfung sein muß. Die Gemeinkosten-Wertanalyse, der zu Unrecht nachgesagt wird, sie diene ausschließlich zur Personaleinsparung, kann hier wertvolle Hinweise liefern. Jeder Mitarbeiter eines Unternehmens leistet seinen Beitrag zum Erfolg. Steht die Höhe fest, kann auch eine angemessene Beteiligung ermittelt werden.

Der wichtigste Maßstab für eine Erfolgsbeteiligung sind erreichte Ziele. Hier zeigt sich eine Verbindung zu Beurteilungssystemen, denn das Maß der Zielerfüllung muß quantifiziert werden, damit es als Berechnungsgrundlage verwendet werden kann. Ziele können sehr hoch gesteckt, aber auch so alltäglich sein, daß ihr Wert völlig übersehen wird. Die hohe Qualität von Bedienungsanleitungen, saubere Fenster im Konferenzraum und eine pünktliche Versorgung der Mitarbeiter mit Kaffee, Mittagessen und Büromaterial sind für den gemeinsamen Erfolg nicht unwichtiger als die geplante Umsatzsteigerung. So läßt sich für jeden Mitarbeiter sein Beitrag zum Erfolg und sein Anteil am Gewinn bestimmen.

Gewinnbeteiligungen haben erzieherischen Wert: Sie fördern kostenbewußtes Handeln. Speziell wenn das Ergebnis einer kleineren Gruppe oder einzelner Mitarbeiter zur Berechnung verwendet wird, vermeiden die Mitarbeiter selbst alle überflüssigen Kosten. Sind Gruppenziele vereinbart, so werden die Mitglieder dieser Gruppe untereinander darauf achten, daß jeder seinen Beitrag leistet. Spätestens bei der Ergebnisbeurteilung durch die Gruppe bekommen engagierte und einsatzfreudige, aber auch nachlässige Mitglieder die Quittung für ihr Verhalten. Kollegen untereinander können dabei viel kritischer und härter urteilen, als ein Vorgesetzter das jemals wagen würde.

In welcher Form Erfolgsbeteiligungen ausgeschüttet werden, ist nicht nur eine Liquiditätsfrage. Bargeld lacht; und mehr Geld auf dem Konto führt die eigene Leistung greifbar vor Augen. Gewinnbriefe schaffen zwar Sicherheit, beschränken den Anteil am Erfolg aber ebenfalls auf Geld. Können die Mitarbeiter ihren Gewinnanteil zum Erwerb von Gesellschaftsanteilen verwenden, dann kann ihre Bindung an das Unternehmen erheblich verstärkt werden. Die Risiken sind jedoch hoch: Will die Unternehmensführung die Zügel in der Hand behalten, so muß sie die Mitspracherechte ihrer Mitarbeiter-Gesellschafter beschränken oder ausschließen. Auch ist Vorsorge für das Ausscheiden eines solchen Gesellschafters zu treffen. Einfacher ist die Lösung bei Aktiengesellschaften, die stimmrechtslose Vorzugsaktien ausgeben können. Der Fall Nixdorf zeigt, daß gemäß Aktienrecht auch diese Anteilseigner stimmberechtigt werden können. Die mutigste Entscheidung ist die Beteiligung aller Mitarbeiter als tätige Gesellschafter. Die damit verbundene Entscheidungsfindung im Konsens aller Anteilseigner kann die Flexibilität des Unternehmens beeinträchtigen. Das Konfliktpotential zwischen Führung und Mitarbeitern läßt sich jedoch auch in schwierigen Zeiten drastisch reduzieren.

Eine Grundregel sollte jede Unternehmensführung beherzigen, die ihre Mitarbeiter am Erfolg des Unternehmens finanziell beteiligen will: Die Berechnung des Gewinnanteils sollte für den Mitarbeiter transparent, nachvollziehbar und einsichtig sein. Das erfordert nicht nur eindeutige Berechnungsverfahren, sondern auch die Offenlegung des Ergebnisses – ob Umsatz, Rohertrag oder Nettogewinn. Unternehmen, die (noch) nicht publizitätspflichtig sind, fällt diese Entscheidung meistens sehr schwer. Nichts vergiftet das Klima zwischen Geschäftsführung und Mitarbeitern mehr, als wenn diese sich in Gelddingen hintergangen oder betrogen fühlen. Das kann passieren, wenn die Richtigkeit der Abrechnung angezweifelt wird.

Gut durchdachte, klar beschriebene und reell umgesetzte Beteiligungsmodelle zeigen den Mitarbeitern, daß sie erwünscht, angesehen und erfolgreich sind. Diese Mitarbeiter werden sich in »ihrem« Unternehmen eher als Mitunternehmer verstehen. Wenn sie diese Einstellung auch nach außen tragen, ist die Wirkung mehr wert als der ausgeschüttete Gewinn.

Aus- und Weiterbildung

»Wissen ist Macht.« Nach diesem Sprichwort müssen zahlreiche Unternehmen viel Angst vor mehr Macht ihrer Mitarbeiter haben. Anders ist nicht zu erklären, weshalb es gewerkschaftlicher Druckmittel bedurfte, um auch nur einen Anspruch auf Bildungsurlaub durchzusetzen. Andere Unternehmen beschränken alle Aus- und Weiterbildungsmaßnahmen für ihre Beschäftigten auf Bereiche, die einen unmittelbaren Produktivitätszuwachs oder einen höheren Umsatz versprechen. Erfolgreiche Unternehmen hingegen stellen ihren Mitarbeitern einen Katalog von Seminaren, Trainings und Workshops zur Verfügung, aus dem sie nach Absprache mit ihrem Vorgesetzten frei wählen können. Hewlett Packards Schulungsangebot kann sich mit jedem freien Institut messen. Die Gründe sind bekannt: Investitionen in die Qualifikation der Mitarbeiter sind Investitionen in die Zukunft des Unternehmens.

Viele Menschen beenden ihre Lernphase mit dem Eintritt in das Berufsleben. Menschliche Trägheit spielt dabei eine bedeutende Rolle. Nicht jeder bringt die Energie auf, sich nach einem anstrengenden Arbeitstag mit neuer, fremder Materie auseinanderzusetzen. Allein lernen ist ohnehin schwierig, auch die Kosten spielen eine Rolle. Betriebsinterne Fortbildungskurse können hier erfolgreich wirken. Selbst wenn sie nicht direkt mit betrieblichen Aufgaben verbunden sind und während der Arbeitszeit erfolgen, übersteigt der Nutzen die Kosten: Permanentes Lernen fördert die Flexibilität und erhält die Lernfähigkeit für neue Aufgabenstellungen.

Ein beschränktes Angebot interner Fortbildungsthemen kann betrieblich begründet sein: Spezielles Know-how muß vermittelt werden; qualifizierte Trainer fehlen; Räume und Hilfsmittel stehen nicht ausreichend zur Verfügung. Zahlreiche große, mittlere und kleinste Dienstleister könnten mit ihrem Angebot die Lücken füllen. Hier scheiden sich die Geister. Sind Aus- und Weiterbildungsmaßnahmen für Mitarbeiter nur ein Kostenfaktor, der zu minimieren ist, so werden externe Leistungen nur dann bezogen, wenn es sich absolut nicht vermeiden läßt. Auch bleibt in diesem Fall das Schulungsangebot auf Themen und Bereiche beschränkt, die unmittelbar die Ausführung der übertragenen Aufgaben ermöglichen oder verbessern.

Die Fortbildung der Mitarbeiter kann auch als Belohnung deklariert werden: Wer erfolgreich seine Aufgaben ausgeführt hat, darf zur Schulung. Diese Form läßt sich auf die Spitze treiben: Das Seminar findet in St. Moritz statt, dauert eine Woche, erfordert täglich zwei Stunden Anwesenheit und sieht keine konkreten Lernziele oder Ergebnisse vor. Die Finanzämter argwöhnen bei solchen Veranstaltungen, der Schulungszweck sei nur ein vorgeschobener Anlaß für eine Lustreise. Meistens haben sie recht. Aber auch die Freiheit, bei einem beliebigen externen Anbieter ein Seminar gemäß den eigenen Interessen belegen zu dürfen, ist gleichzeitig eine Belohnung für erfolgreiche Arbeit und Ansporn für zukünftige Leistungen. Zusätzlich erweitert sie den Horizont und steigert das Selbstwertgefühl. IBM Fellows dürfen als Anerkennung für außergewöhnliche Leistungen für einen begrenzten Zeitraum alle Ressourcen des Unternehmens für Forschungsarbeiten auf einem selbstgewählten Gebiet nutzen. Die erfolgreichen Ergebnisse sprechen für die zukunftsorientierte Personalpolitik von IBM.

Optimal sind Aus- und Weiterbildungsmaßnahmen im Rahmen eines Personalentwicklungssystems. Voraussetzung dafür ist, daß im Rahmen kontinuierlicher Beurteilungs-(Förderungs-)gespräche die Stärken, Schwächen und Neigungen jedes Mitarbeiters diskutiert und bewertet werden. Dadurch lassen sich persönliche Interessen und Unternehmensziele aufeinander abstimmen. Bestimmt wird es vorkommen, daß die persönlichen Vorlieben des Mitarbeiters keinen direkten Nutzen für seine beruflichen Aufgaben erkennen lassen. Eine weise Personalführung wird nicht versuchen, diese Interessen zu ignorieren oder zu unterdrücken. Eine Förderung macht zumindest aus einem Mitarbeiter einen zufriedenen Mitarbeiter. Noch besser wäre es, zu überprüfen, ob er dann mit seinen Fähigkeiten und Kenntnissen nicht erweiterte oder völlig neue Aufgaben wahrnehmen könnte. So gewinnen beide.

Eine restriktiv gehandhabte Aus- und Weiterbildung der Mitarbeiter bezeugt geringes Interesse des Unternehmens an ihrer Persönlichkeit und eine Tendenz zur Ausbeutung vorhandener Fähigkeiten bis zur Neige. Personalentwicklungssysteme mit einem flexiblen Angebot zur Erweiterung des Wissensstandes zeigen nicht nur aufrichtiges Interesse am persönlichen Wohlbefinden der Mitarbeiter. Sie demonstrieren auch die Bereitschaft des Unternehmens zur Investition in ein langfristiges Engagement. Dieser Unternehmenspolitik werden öffentliche Anerkennung und Erfolg nicht versagt bleiben.

Verträge mit Marktpartnern

Ein Partner [englisch] ist als Teilnehmer oder Teilhaber eine gleichberechtigte Person. Beim Tennis ist das eindeutig. Verträge, die Unternehmen mit ihren »Marktpartnern« abschließen, vermitteln häufig einen etwas anderen Eindruck: Der (vermeintlich) Stärkere legt die Bedingungen fest, unter denen die Zusammenarbeit erfolgt. So sind zahlreiche Verträge nur an Sonnentagen partnerschaftlich. Ziehen jedoch die ersten Wolken auf, zeigt sich, daß Nutzen und Lasten recht einseitig verteilt sind.

Partnerschaft besteht aus Geben und Nehmen. Ihre Stärke basiert auf der Gemeinsamkeit. Ein Unternehmen, das seine »Partner« knechtet, über's Ohr haut oder bei erster Gelegenheit hintergeht, gilt bald auch in der Öffentlichkeit als wenig vertrauenswürdig – in jeder Hinsicht. Gute Beziehungen zwischen Unternehmen und Marktpartnern helfen nicht nur, schwierige Situationen gemeinsam erfolgreich zu überwinden. Sie sind unverzichtbar für ein Unternehmen, das vertrauensvoll mit seinem Markt kommunizieren will.

Die wichtigsten Partner im Markt eines Unternehmens sind neben Mitarbeitern und Kunden die Lieferanten, die mit einem Produkt oder einer Dienstleistung die Voraussetzung für das eigene Leistungsangebot schaffen, und die Abnehmer, die als Absatzmittler oder Wiederverkäufer überwiegend oder ausschließlich für die Vermarktung des Leistungsangebotes sorgen. Die vertraglichen Beziehungen mit ihnen spiegeln in der Regel das aktuelle Verhältnis von Angebot und Nachfrage wider: Der Lieferant eines exklusiven Produktes kann gleichermaßen die Vertragsbedingungen diktieren wie der Einkäufer, der für ein Standardprodukt aus einer großen Anzahl von Anbietern wählen kann. Risiken entstehen, wenn sich die Marktsituation ändert: Das exklusive Produkt gerät unter Wettbewerbsdruck; eine große Anzahl von Herstellern bewirbt sich um die gleichen Absatzmittler.

Ein Unternehmen, das langfristig erfolgreich mit seinen Marktpartnern zusammenarbeiten will, nutzt eine momentane Marktsituation nicht einseitig zu seinen Gunsten aus. Es nötigt Lieferanten nicht, Risiken des Geschäftes allein zu tragen und knapp an der Wirtschaftlichkeitsgrenze zu liefern. Es zwingt Absatzmittlern keine Verträge auf, die bei einer Abschwächung der Nachfrage fast automatisch zum Verlust der Wettbewerbsfähigkeit führen.

Fairness gegenüber Marktpartnern gehört als Grundverhaltensweise zur Unternehmensstrategie. Welche Verhaltensweisen das Unternehmen gegenüber

Lieferanten und Absatzmittlern an den Tag legt, steht in der Einkaufs- und der Verkaufsstrategie. Ihre Kommunikationswirkung rechtfertigt auch ihre Aufnahme in die Kommunikationsstrategie. Für den Umgang mit Marktpartnern könnten strategische Grundsätze so lauten:

- »Wir definieren unsere Anforderungen eindeutig und sprechen sie offen aus.«
- »Wir benennen den geplanten Umfang und die Dauer einer Partnerschaft.«
- »Wir spielen mehrere Partner nicht gegeneinander aus.«
- »Wir halten uns an die vereinbarten Regeln.«
- »Wir teilen unerwartete Gewinne und Verluste angemessen auf.«
- »Wir informieren frühzeitig über geplante Veränderungen.«

Solche Regeln bedeuten weder den Verzicht auf Wettbewerb noch eine Einschränkung der Handlungsfreiheit. Ihre Beachtung bezeugt, daß ein Unternehmen nicht aufgrund seiner Macht das Recht beansprucht, Abmachungen zu diktieren, um sie bei nächster Gelegenheit zu eigenen Gunsten zu brechen.

Besonders kraß ist das Mißverhältnis zwischen der Bedeutung des Begriffes »Partnerschaft« und der Realität in Vertragsbeziehungen zwischen Herstellern von Personal Computern und ihren Wiederverkäufern. Mancher Fachhändler mußte schon Konkurs anmelden, weil er nach einer Preissenkung auf einem Lager teuer eingekaufter Rechner sitzenblieb. Viele Hersteller bezeichnen sich als fachhandelsorientiert. Das hindert sie nicht daran, ihren Wiederverkäufern durch eine eigene Vertriebsorganisation oder den Absatz über Großmärkte und Versandhäuser Konkurrenz zu machen. Ist der Wiederverkäufer dem Wettbewerbsdruck nicht gewachsen, wird er liquidiert und ein neuer »Partner« angeworben.

Die Auswirkungen einer solchen Fachhandelspolitik sind heute unübersehbar. In einem Fall betrug die Fluktuation der Händlerschaft eines großen europäischen Anbieters 70% pro Jahr. Heute ist dieser Hersteller von seiner Führungsposition in die Bedeutungslosigkeit abgerutscht. Er gilt nicht mehr als vertrauenswürdig, und diese Wertung hat sich auf sein Produktangebot übertragen.

Verträge mit Lieferanten und Vertreibern zeigen deutlich, ob sie als Partner akzeptiert oder als notwendiges Übel geduldet werden. Stabile, vertrauensvolle Beziehungen zwischen Unternehmen und Marktpartnern vermitteln Sicherheit, Kontinuität und Kooperation. Diese Kommunikationswirkung auf die Umwelt des Unternehmens ist mit Sicherheit mehr wert als der kurzfristige Nutzen aus maximiertem Profit.

Kapitel 4 Werkzeuge zur Realisierung

Wenn Sie sich entschlossen haben, Nägel mit Köpfen zu machen und die Kommunikationsverfahren Ihres Unternehmens einheitlich auszurichten, türmt sich zunächst ein Gebirge vor Ihnen auf: Sie wissen jetzt, wodurch Informationen vermittelt werden. Verlieren Sie nicht den Mut. Bevor Sie mit der ersten Veränderung beginnen, sollten Sie einen Plan über die Reihenfolge der erforderlichen Maßnahmen aufstellen. Hilfestellung gibt Ihnen dabei das in Kapitel 2 beschriebene Phasenmodell des Prozesses zur Ausrichtung.

Aus den Zielen Ihres Unternehmens haben Sie Grundverhaltensweisen, Merkmale und Rahmenrichtlinien zum Kommunikationsverhalten entwickelt. Nun geht es Ihnen wie einem Handwerker: Sie wollen eine Kiste bauen, haben einen Plan gezeichnet, die Teile beschafft und wollen jetzt die Herstellung beginnen. Dafür benötigen Sie Werkzeuge: Säge, Schleifmittel, Pinsel. Als Amateur begnügen Sie sich mit Fuchsschwanz, Sandpapier und einer Sprühdose für den Lack. Es dauert zwar etwas länger und der Aufwand für saubere Arbeit ist höher, aber es geht auch. Als Profi haben Sie Kreis- und Stichsäge zur Verfügung, schleifen mit Exzenter oder Band und spritzen mit Druckluft. Ihr Ergebnis ist vielleicht nicht besser als die Kiste in Handarbeit, aber Sie sparen Aufwand bei gleicher Sorgfalt und Genauigkeit, vermeiden Mängel und gelangen schneller zum Erfolg. So sollten Sie auch für die Realisierung ganzheitlichen Kommunikationsverhaltens angemessene Werkzeuge und Verfahren einsetzen. Damit reduzieren Sie den Aufwand, beschleunigen die Umsetzung und stellen sicher, daß keine Aufgaben vergessen werden. Werkzeuge und Hilfsmittel für die Realisierung umfassen:

- Verfahren,
- Ablaufdiagramme,
- Checklisten,
- Berechnungsverfahren,
- Tabellensysteme und
- Computerprogramme.

In den folgenden Abschnitten wollen wir untersuchen, welche Hilfsmittel verfügbar sind und wie wir sie im Rahmen der Umsetzung effizient nutzen können.

Werkzeuge zur Realisierung

Organisatorische Vorbereitungen

Die Organisation (der eigenen Arbeit) ist kein lästiges Übel. Wenn Sie sich entschieden haben, das Kommunikationsverhalten ausgewählter Bereiche oder des gesamten Unternehmens auf Ihre Unternehmensziele auszurichten, können Sie mit organisatorischen Vorbereitungen den ungestörten Verlauf begünstigen:

- Stellen Sie Ihren Mitarbeitern die Ziele vor,
- bilden Sie Arbeitsgruppen für die einzelnen Abschnitte,
- stecken Sie den zeitlichen Rahmen ab,
- legen Sie verbindliche Termine für die Arbeitssitzungen fest,
- stellen Sie ein Budget der verfügbaren Mittel auf,
- informieren Sie Ihre Marktpartner über Ihr Vorhaben,
- sprechen Sie auch mit Ihren Lieferanten und Dienstleistern.

Auf der sicheren Seite befinden Sie sich, wenn Sie den gesamten Prozeß projektmäßig planen und durchführen. Dabei können rechnergestützte Werkzeuge auf einem modernen PC wie MS PROJECT hilfreich sein. Sie liefern das Ablaufdiagramm, stellen Abhängigkeiten dar und geben einen Überblick über Ressourcen, Aufwand und Kosten.

Hilfsmittel zur Bestandsaufnahme

Als nächstes sollten Sie überprüfen, wie weit Ihr Kommunikationsverhalten in Wort, Bild, Ton und Verfahren Ihren Zielsetzungen entspricht. Hierfür strukturieren Sie zunächst Ihre Kommunikationsverfahren in Gruppen und Untergruppen. Dann betätigen Sie sich als Sammler: Verschaffen Sie sich Exemplare jedes Schriftstücks, jedes Dokumentes und jedes Formulars, notieren Sie aufgehängte Kalendersprüche, Witze über das Unternehmen und seine Führung, protokollieren Sie Telefongespräche, Sitzungen und Kantinengespräche und gehen Sie mit offenen Augen um Ihr Gebäude und durch mehrere Büros. Die Ergebnisse Ihrer Beobachtungen erfassen Sie in den entsprechenden Listen des Tabellenanhangs. Diese sollten anschließend, möglichst in der Gruppe, Punkt für Punkt durchgegangen und bewertet werden.

Viele Kommunikationsmittel Ihres Hauses können Sie oder Ihre Mitarbeiter selbst untersuchen und bewerten. Bei einigen könnte es von Vorteil sein, anonyme Befragungen vorzunehmen: Wie beurteilen die Mitarbeiter Ihres Unternehmens Ihre Verfahren zu Personalentwicklung, Arbeitszeitregelung oder Gewinnbeteiligung?

In anderen Bereichen könnte die Erhebung durch Externe zu unvoreingenommenen Bewertungen führen: Wie wirken Empfang, Telefonzentrale, Angebote und Werbeanzeigen auf Ihre Marktteilnehmer? Die Bestandsaufnahme muß nicht in Form einer groß angelegten Marktuntersuchung zum Unternehmensimage durchgeführt werden. Wenige qualifizierte Befragungen genügen für einen Eindruck der Wirkung. Wichtiger in der Bestandsaufnahme ist die Vollständigkeit, denn erhoben werden sollten nicht nur die klassischen Verfahren zur Marktkommunikation wie Pressemeldungen, Anzeigen, Werbebriefe und Prospekte. Die Checklisten in Kapitel 5 werden hierbei zur Vollständigkeit beitragen.

Werkzeuge zur Prioritätsbildung

Die Entscheidungstabellen-Technik kann Ihnen helfen, Ihre Liste anschließend zu strukturieren. Wenn Sie für jeden Eintrag die Bedeutung, den Änderungsbedarf und den erforderlichen Aufwand mit Zahlen bewerten, können Sie den nächsten Schritt gleich anhand Ihrer Erhebungslisten durchführen. Vergeben Sie für jedes erhobene Kommunikationsmittel eine Prioritätszahl, die ausdrückt, wie wichtig eine Veränderung, Anpassung oder Neueinrichtung ist. Wenn Sie für die Erfassung und Bewertung einen PC einsetzen, können Sie mit einer geschickten Wahl des Prioritätskennzeichens sofort ein Sortierkriterium bilden. Dann genügt häufig ein Kommando, um eine sortierte Liste zu erzeugen, bei der die wichtigsten Maßnahmen ganz oben stehen. Denkbare numerische Bewertungen sind:

Bedeutung: niedrig = 1
hoch = 10
Änderungsbedarf: niedrig = 1
hoch = 10
Aufwand: niedrig = 1
hoch = 10

Addieren Sie diese drei Faktoren, so erhalten Sie eine Ordnungszahl entsprechend der Bedeutung und dem zu treibenden Aufwand. Die Faktoren können Sie selbstverständlich Ihren persönlichen Belangen anpassen. Wenn Sie diese Tabelle grafisch aufbereiten, erkennen Sie mit einem Blick, wo die größten Schwachstellen sind.

Werkzeuge zur Realisierung

In dieser Balkengrafik sind Bedeutung, Änderungsbedarf und Wirksamkeit pro Eintrag kumuliert. Die längsten Balken zeigen, wo Sie als erstes mit Veränderungen beginnen könnten, um bei geringstem Aufwand höchsten Nutzen zu haben.

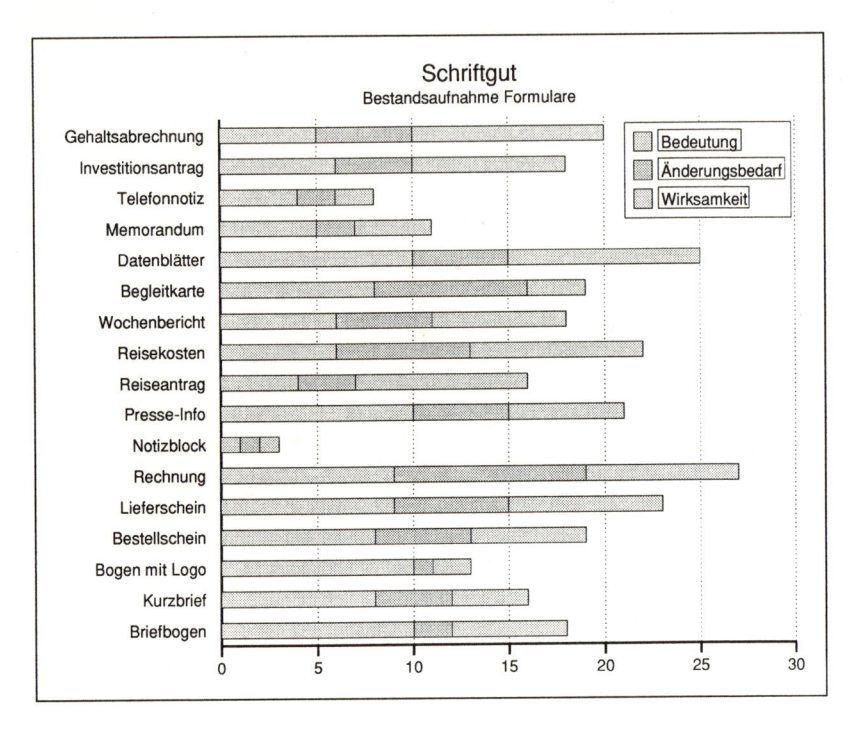

Schriftgut
Bestandsaufnahme Formulare

Legende: Bedeutung, Änderungsbedarf, Wirksamkeit

Formular	Wert
Gehaltsabrechnung	~20
Investitionsantrag	~21
Telefonnotiz	~7
Memorandum	~11
Datenblätter	~25
Begleitkarte	~19
Wochenbericht	~18
Reisekosten	~22
Reiseantrag	~16
Presse-Info	~21
Notizblock	~2
Rechnung	~27
Lieferschein	~23
Bestellschein	~19
Bogen mit Logo	~13
Kurzbrief	~16
Briefbogen	~18

Sind Sie hinsichtlich der Prioritäten Ihrer Kommunikationsmittel unsicher, so kann Ihnen ein Verfahren helfen, das nacheinander die Bedeutung jedes Kommunikationsmittels mit der der übrigen vergleicht. Auch hier entsteht das Ergebnis aus einfacher Arithmetik: Die Kommunikationsmittel mit der höchsten Bedeutung gewinnen am häufigsten den Vergleich. Das Abfrageschema sieht prinzipiell so aus:

Werkzeuge zur Realisierung

	Kriterium							Häufigkeit	Rang
1									
2									
3									
4									
5									
6									
7									
8									

Vorgehensweise:

1. Schreiben Sie die zu vergleichenden Kommunikationsmittel untereinander auf und vergeben Sie laufende Nummern.
2. Dann vergleichen Sie zunächst das Gewicht des Kommunikationsmittels 1 Schritt für Schritt mit dem aller anderen Kommunikationsmittel und tragen in die erste Spalte der jeweiligen Zeile die Nummer des wichtigeren Kommunikationsmittels ein.
3. Anschließend vergleichen Sie Kommunikationsmittel 2 mit den Kommunikationsmitteln 3 bis 8 und tragen die entsprechenden Nummern in die nächste Spalte ein.
4. Haben Sie alle Vergleiche durchgeführt, zählen Sie die Häufigkeit der Einträge pro Kommunikationsmittel im gesamten Schema, übertragen die Anzahl in die Spalte „Häufigkeit" und tragen, entsprechend der Häufigkeit der Nennung, in der letzten Spalte den Rang ein.

Das folgende Beispiel verdeutlicht die Durchführung eines solchen Vergleichs:

Werkzeuge zur Realisierung

Nr.	Kriterium								Häufigkeit	Rang
1	Briefe an Lieferanten								4	2
2	Telefonzentrale	2							6	1
3	Speisefolge in der Kantine	1	2						2	3
4	Beleuchtungskörper in Mitarbeiter-Büros	1	2	4					2	3
5	Parkplätze für Besucher	5	2	5	5				6	1
6	Firmenlogo an der Hausfassade	6	6	6	6	5			6	1
7	Neue Sessel im Empfang	1	2	3	7	5	6		2	3
8	Rhetorikseminar für Innendienst	1	2	3	4	5	6	7	0	4

Methodik der Aktionsplanung

Auch bei der Planung und Vorbereitung von Maßnahmen sind Werkzeuge aus dem Projektplanungsbereich anwendbar. Wichtig ist, daß alle Maßnahmen detailliert beschrieben werden:

- Was ist zu tun?
- Wer ist verantwortlich?
- Welche Voraussetzungen müssen erfüllt sein?
- Wann soll die Aktion abgeschlossen sein?

Wahrscheinlich gibt es eine Reihe von Aktionen, die zwar einen definierten Startpunkt haben, als kontinuierliche Maßnahme jedoch dauerhaft wirken sollen. In diesem Fall ist es zweckmäßig, Verfahren zu beschreiben, mit denen der Erfolg der Aktion auch kontinuierlich überwacht und sichergestellt wird. Nehmen wir den Telefondienst: Wird als Aktion festgelegt, daß grundsätzlich kein Anrufer länger als drei Rufzeichen warten muß, so sollte bereits im Aktionsplan festgelegt werden, in welchen Abständen von wem die erfolgreiche Umsetzung in den Alltagsbetrieb überprüft wird.

Transparent wird die Aktionsplanung, wenn sie grafisch dargestellt wird. So ist für alle Beteiligten auf einen Blick erkennbar, welche Abhängigkeiten bestehen und welche Folgen Wegfall, Ersatz oder Erweiterung einzelner Aktivitäten haben. So sieht eine Aktionsplanung in der Praxis aus:

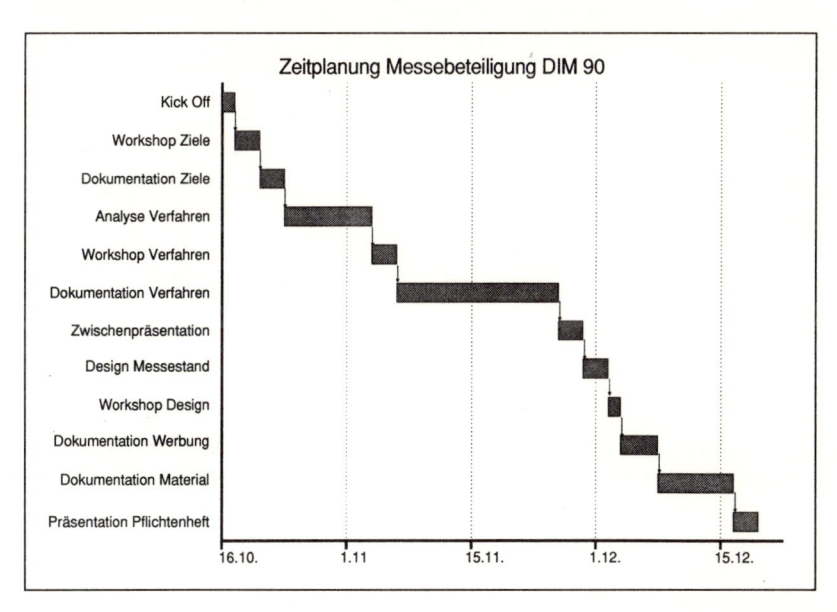

Zeitplanung Messebeteiligung DIM 90

Aktivität	
Kick Off	
Workshop Ziele	
Dokumentation Ziele	
Analyse Verfahren	
Workshop Verfahren	
Dokumentation Verfahren	
Zwischenpräsentation	
Design Messestand	
Workshop Design	
Dokumentation Werbung	
Dokumentation Material	
Präsentation Pflichtenheft	

Zeitachse: 16.10. – 1.11 – 15.11. – 1.12. – 15.12.

Vorgehensweise bei der Einführung

Die erfolgreiche Umsetzung steht und fällt mit der Akzeptanz aller Beteiligten. Sie entwickelt sich am besten, wenn Ihre Mitarbeiter am Entstehungsprozeß beteiligt waren. Als Mitglieder Ihres Marktes haben sie in jedem Fall Anspruch auf frühzeitige Information über Ziele und Vorgehensweisen. Wenn Sie Ihr Projektteam aus jenen Mitarbeitern bilden, die mittelbar oder unmittelbar Einfluß auf das Kommunikationsverhalten Ihres Unternehmens haben, sichern Sie sich eine kompetente Mannschaft. Vergessen Sie jedoch die heimlichen Meinungsbildner nicht.

Innerhalb des definierten Projektrahmens sollte Ihr Projektteam freie Hand haben. Als Führungskraft können Sie sich darauf beschränken, Kompetenzstreitigkeiten zu schlichten und übergreifende Maßnahmen zu koordinieren. Bei jeder Aktion sollten Sie zu festen Zeitpunkten über den Stand, den Fortschritt und mögliche Hindernisse des Projektes informiert werden. Legen Sie

Werkzeuge zur Realisierung

deshalb bereits vor Beginn der Realisierung die Termine für Arbeitskreissitzungen fest, in denen der aktuelle Zustand dargestellt und mögliche Änderungen beschlossen werden. Zweckmäßig sind Abstände von vier bis sechs Wochen zwischen den einzelnen Abstimmungsgesprächen.

Verfahren zur Pflege

Mindestens einmal pro Jahr sollte sich nach der Einführung das ursprüngliche Projektteam wieder zusammensetzen, um erreichte Ergebnisse zu überprüfen und Änderungen abzustimmen. Damit halten Sie gleichzeitig den Bewußtseinsstand hinsichtlich der Kommunikationswirkung hoch. Zweckmäßig ist, externe Beobachter zu diesem Gespräch hinzuziehen. Das können Mitarbeiter von Kunden, Dienstleistern, Lieferanten und Medien, aber auch Berater sein.

Vorbereitend sollten Sie klären lassen, ob sich die Ziele oder Grundverhaltensweisen Ihres Unternehmens verändert haben und geänderte Kommunikationsinhalte erfordern. In diesem Fall kann es notwendig sein, den Prozeß der Bestandsaufnahme mit folgender Aktionsplanung erneut zu durchlaufen.

Kapitel 5   Checklisten und Fragen

Checklisteneinsatz

Eine Checkliste ist kein Ersatz für eigenes Denken. Sie kann auch keinen Anspruch auf Vollständigkeit erheben. Aber sie kann ein Gerüst für eigene Überlegungen abgeben, Ideen vermitteln und Zusammenhänge darstellen. Wenn Sie die Checklisten dieses Kapitels verwenden, um Ihre eigene Kreativität hinsichtlich der Wirkung von Kommunikationsmitteln anzuregen, haben die Checklisten ihre Funktion bereits erfüllt. Gleichzeitig sollen sie Ihnen ein methodisches Raster vorstellen, wie Sie mit Fragen oder Feststellungen die Einstellungen und Verhaltensweisen Ihrer Mitarbeiter überprüfen können. Eine solche Überprüfung hat wenig mit Kontrolle zu tun. Sie liefert Denkanstöße, an welchen Stellen mit wenig Aufwand viel Wirkung erzielt werden kann – im beiderseitigen Interesse. Checklisten betreffen die Bereiche:

- Planung und Vorbereitung,
- Bestandsaufnahme und
- Realisierung.

Einige sind so aufgebaut, daß Sie sie als Vorgabe für Ihr Projektteam ausfüllen oder mit Ihnen direkt einen Workshop veranstalten können, um im Konsens Antworten auf die gestellten Fragen zu erarbeiten. Das betrifft besonders die Checklisten zum Leitbild, zu den Unternehmenszielen, zur Unternehmensstrategie und zur Kommunikationsstrategie.

Andere Checklisten helfen mit tabellarischen Auflistungen bei der Erhebung. Die dritte Gruppe soll mit kritischen Fragen oder Feststellungen und Ihrem Kommentar Ansätze zur Verbesserung aufzeigen.

Planung und Vorbereitung

Ganz oben stehen die Formulierung Ihrer Vorstellungen über die Zukunft Ihres Unternehmens – sein Leitbild – und die Beschreibung der Grundverhaltensweisen zur Kommunikation – die Kommunikationsstrategie. Dieser Schritt – im Phasenmodell die Phase 1 – ist die unverzichtbare Voraussetzung für Ihren Erfolg. Ist Ihr Leitbild bereits formuliert, können Sie sofort an die Beschreibung der Kommunikationsstrategie gehen. Ist die Vorstellung über die Zukunft bisher nur in Ihrem oder in anderen Köpfen vorhanden, sollte sie niedergeschrieben werden. Damit erhält sie die Verbindlichkeit und die Klarheit, um als Rahmen für die Verhaltensweisen eingesetzt zu werden. Sind Ihre Vorstellungen noch etwas verschwommen und unscharf, können die Fragen helfen, eindeutige Aussagen zu treffen.

Bestandsaufnahme und Bewertung

Mit der Bestandsaufnahme Ihrer schriftlichen, sprachlichen und visuellen Kommunikationsmittel und Ihrer kommunikativ wirksamen Verhaltensweisen möchten Sie feststellen, wie Sie heute mit Ihrem Markt kommunizieren. Die Erhebung ist nicht wertneutral: Maßstab ist der in Ihrer Kommunikationsstrategie formulierte Zielzustand. So erfolgt die Erhebung in Relation zum Soll. Wenn Sie die Auflistungen auf den folgenden Seiten für Ihre Bestandsaufnahme verwenden wollen, sollten Sie die Inhalte auf ein größeres Formular übertragen, denn Sie benötigen etwas mehr Platz. Die Spalten sollen enthalten:

Mittel: Das untersuchte Kommunikationsmittel oder -verfahren.

Bedeutung: Die zugemessene Bedeutung im Sinn ganzheitlichen Kommunikationsverhaltens als Wert von 0 bis 10.

Ausführung: Die verbale Beschreibung der aktuellen Ausführung oder Handhabung.

Erfüllungsgrad: Das Maß, in dem die aktuelle Form Ihrer Zielsetzung entspricht.

Änderung: Die verbale Beschreibung der vorzunehmenden Änderungen zur Verbesserung der Zielerfüllung.

Im Anhang an die Checklisten jedes Bereiches finden Sie Fragestellungen, mit deren Beantwortung Sie das Bewußtsein Ihrer Projektmitarbeiter für die Kommunikationswirkung ausgewählter Formen und Verfahren wecken und stärken können.

Fragen zur Unternehmenskommunikation

Fragen zum Leitbild und zum Grundnutzen

Mit welchen drei Leistungen
erzielen Sie 80% Ihrer Umsätze:

_____

_____

_____

_____

_____

Welcher Hauptnutzen ergibt sich aus den
Leistungen für Ihre Abnehmer:

_____

_____

_____

_____

_____

Was sehen Sie als Ihre
langfristige Grundaufgabe an:

_____

_____

_____

_____

_____

Checklisten und Fragen

Fragen zu den Unternehmenszielen

Welche besonderen Stärken
hat Ihr Unternehmen:

Welche besonderen Schwächen
hat Ihr Unternehmen:

Welchen Rang im Wettbewerb
bekleidet Ihr Unternehmen:

Welche Position im Wettbewerb
streben Sie an:

Checklisten und Fragen

Fragen zu Merkmalen und Eigenschaften

In welchen Leistungsbereichen
ist Ihr Unternehmen absolute Spitze:

Welche besonderen Merkmale
sollen entwickelt werden:

Welcher Nutzen entsteht Ihrem Markt
aus diesen Merkmalen:

Checklisten und Fragen

Fragen zur Unternehmensstrategie

Wie wollen Sie Ihr Unternehmen entwickeln:

_____
_____
_____
_____
_____
_____

Wie wollen Sie Ihr Leistungsangebot entwickeln:

_____
_____
_____
_____
_____
_____

Wie sollen sich Ihre Ergebnisse entwickeln:

_____
_____
_____
_____
_____
_____

Fragen zur Kommunikationsstrategie

Welches ist Ihre
zentrale Botschaft:

Was sind die drei
wichtigsten Merkmale:

Welcher Nutzen ergibt
sich daraus:

Welche Aussagen sind
daraus abzuleiten:

Checklisten und Fragen

Fragen zur Kommunikationsstrategie (Fortsetzung)

Welche Termine
sind wichtig:

Wie sieht das soziale
Umfeld aus:

Welche Verfahren
sind geeignet:

Welche Mittel stehen
zur Verfügung:

Checklisten und Fragen zum Schriftgut

Checkliste zu Formularen

Mittel	Bedeutung	Ausführung	Erfüllungsgrad	Änderungen
Notizblock				
Memorandum				
Tagungsprotokoll				
Telefonnotiz				
Bestellschein				
Personalanforderung				
Materialanforderung				
Investitionsantrag				
Reiseantrag				
Urlaubsantrag				
Krankmeldung				
Druckauftrag				
Versandauftrag				
Telefax-Leitseite				
Wochen-/Monatsbericht				
Reisekostenabrechnung				
Gehaltsabrechnung				
Lieferschein/Rechnung				
Presseinformation				
Kurzbrief				
Briefbogen				
Visitenkarte				

Checklisten und Fragen

Checkliste zu Dokumenten

Mittel	Bedeutung	Ausführung	Erfüllungsgrad	Änderungen
AGB				
Briefe an Kunden				
Briefe an Lieferanten				
Briefe an Interessenten				
Briefe an Studenten				
Ausgefüllte Anfragen				
Angebote				
Dienstverträge				
Lieferverträge				
Vertriebsverträge				
Hausordnung				
Reisekostenordnung				
Versorgungsordnung				
Garantiescheine				
Serviceverträge				
Zeugnisse				
Lehrgangsbescheinigungen				
Auszeichnungen				
Presseinformation (Inhalt)				
Kundeninformation				
Fachartikel				
Gegendarstellungen				

Checklisten und Fragen

Checkliste zu Prospekten, Broschüren und Textanzeigen

Mittel	Bedeutung	Ausführung	Erfüllungsgrad	Änderungen
Produktprospekt				
Imageprospekt				
Geschäftsbericht				
Aktionärsbrief				
Datenblatt				
Produktbeschreibung				
Bedienungsanleitung				
Hauszeitung				
Kundenzeitschrift				
Personalanzeige				
Produktanzeige				
Katalogeintrag				
Fernsprecheintrag				
Telefaxeintrag				
Brancheneintrag				

Checklisten und Fragen

Fragen zu Formularen und Vordrucken

	stimmt nicht	stimmt
Das Formular ist zwingend erforderlich.		
Wort- und Bildmarken sind korrekt positioniert.		
Hausschrift und Hausfarbe werden verwendet.		
Alle Formulare sind gleichartig aufgebaut.		
Der Inhalt ist selbsterklärend oder selbstführend.		
Felder lassen sich handschriftlich gut ausfüllen.		
Die Druckqualität entspricht der Anwendung.		
Das Formular erleichtert allen Beteiligten ihre Arbeit.		
Anweisungen und Vorschriften sind als Bitte formuliert.		
Die Formulierung ist dem Führungsstil angemessen.		
Alle Hierarchieebenen verwenden gleiche Formulare.		
Jedes Formular könnte auch Externen vorgelegt werden.		

Checklisten und Fragen

Fragen zu Briefen

	stimmt nicht	stimmt
Name und Titel des Empfängers sind richtig geschrieben.		
Die Anschrift ist vollständig und korrekt.		
Datum und Kurzzeichen stehen im Briefkopf.		
Die wichtigste Aussage des Briefes steht im ersten Absatz.		
Die Formulierung berücksichtigt weibliche Empfänger.		
Alle Rechtschreib- und Interpunktionsfehler sind korrigiert.		
Der Name des Absenders ist im Brief genannt.		
Aufgeführte Anlagen und Unterlagen sind beigefügt.		
Nach dem Kuvertieren ist die Anschrift noch lesbar.		
Der Absendetag entspricht dem Datum im Brief.		
Der Brief ist ausreichend frankiert.		
Dieser Brief könnte ohne Änderungen auch an den Entscheider eines Millionenauftrages versandt werden.		

Checklisten und Fragen

Fragen zu Prospekten und Broschüren

	stimmt nicht	stimmt
Wir wissen, welche Leistungen unsere Abnehmer benötigen.		
Wir kennen den Nutzen, den unsere Leistungen bieten.		
Unsere Prospekte zeigen, daß wir uns mit dem Bedarf unserer Abnehmer beschäftigt haben.		
Wir präsentieren Merkmale immer in Verbindung mit ihrem Nutzen.		
Wir können jede versprochene Lösung liefern.		
Abbildungen in unseren Prospekten machen den Nutzen unserer Leistung sichtbar.		
Der Prospekttext berücksichtigt den Wortschatz des Lesers und verzichtet auf Superlative.		
Unsere Prospekte erleichtern die Kontaktaufnahme.		
Alle unsere Prospekte sind einheitlich aufgebaut und gestaltet.		
Wir können unsere Prospekte jedem Interessenten übersenden.		

Fragen zu technischen Dokumentationen

	stimmt nicht	stimmt
Wir legen die Anforderungen vor Produktionsbeginn der Dokumentation fest.		
Wir orientieren uns am Wissensstand und Bedarf des zukünftigen Verwenders.		
Wir gestalten Inhalt und Gliederung unter pädagogischen und didaktischen Aspekten.		
Wir verwenden für das Layout die Gestaltungsvorschriften zur Firmenvisualisierung.		
Wir achten beim Text auf verständliche Formulierungen in gutem Deutsch.		
Wir lassen Abbildungen und Darstellungen von Fachleuten entwerfen oder prüfen.		
Wir passen die äußere Form der Dokumentation der erwarteten Nutzungsdauer an.		
Wir treiben einen angemessenen Aufwand bei der Qualität von Material und Druck.		
Wir stellen die Übereinstimmung von Produkt und Dokumentation sicher.		
Wir unterstützen unsere Benutzer, wenn ihnen Beschreibungen unverständlich sind.		
Wir berücksichtigen Meldungen der Benutzer über Fehler und Unklarheiten.		
Wir pflegen unsere Dokumentationen bis zum Lebensende des Produktes.		

Checklisten und Fragen

Fragen zu Angeboten

	stimmt nicht	stimmt
Wir formulieren ein Angebot erst, wenn wir die Aufgabenstellung verstanden haben.		
Wir berücksichtigen die persönliche Zielsetzung des anfragenden Mitarbeiters.		
Wir erstellen und versenden nur gewünschte und erwartete Angebote.		
Wir beschreiben unser Lösungsangebot immer im Zusammenhang mit der Aufgabe.		
Wir stellen auch den Nutzen unseres Angebotes für die Mitarbeiter dar.		
Jedes Angebot enthält die Kosten und Bedingungen aller erforderlichen Leistungen.		
Wir bieten nur Leistungen an, die wir mit Sicherheit erbringen können.		
Jedes Angebot ist mit einem Begleitschreiben an die zuständige Person versehen.		
Wir lassen keinen Zweifel an der erwünschten Reaktion des Interessenten.		
Wir suchen die Gründe für ein erfolgloses Angebot immer bei uns.		

Fragen zu Presseinformationen

	stimmt nicht	stimmt
Unsere Presseinformationen bieten Nutzen für Empfänger und Leser.		
Wir sehen Journalisten als wichtige Mitglieder unseres Marktes an.		
Unsere Presseinformationen sind eindeutig als solche gekennzeichnet.		
Alle übermittelten Informationen sind wahr.		
Wir akzeptieren die Kompetenz der Journalisten zur Verwendung der Nachricht.		
Wir erheben keinen Anspruch auf den Nachweis der Verwendung.		
Wir verzichten auf jegliche Einflußnahme, um eine Veröffentlichung zu erzwingen.		
Wir unterscheiden zwischen Meinung und Fakten.		
Unsere Informationen sind mit eindeutigen Hilfen zur Identifizierung versehen.		
Für Rückfragen und Detailinformationen ist ein kompetenter Ansprechpartner benannt.		
Abbildungen sind gekennzeichnet und der entsprechenden Information zugeordnet.		
Wir informieren auch über Schwierigkeiten und Fehler.		

Checklisten und Fragen

Checkliste und Fragen zur Sprachkommunikation

Checkliste zur Sprachkommunikation

Mittel	Bedeutung	Ausführung	Erfüllungsgrad	Änderungen
Telefonzentrale				
Arbeitsplatz-Telefon				
Anredeform				
Hausterminologie				
Gesprächston mit Hilfskräften				
Gesprächston zwischen Mitarbeitern				
Gesprächston gegenüber Vorgesetzten				
Gesprächston gegenüber Lieferanten				
Gesprächston gegenüber Redakteuren				
Besprechungen				
Rede vor Mitarbeitern				
Öffentlicher Vortrag				
Pressekonferenz				
Hauptversammlung				

Fragen zum Ton am Telefon

	stimmt nicht	stimmt
Wir freuen uns über jeden Anruf.		
Kein Anrufer muß länger als drei Rufzeichen warten.		
Unsere Telefonzentrale ist immer freundlich und zuvorkommend.		
Wir begrüßen jeden Anrufer und nennen unseren Namen.		
Unser Firmenname wird deutlich und vollständig genannt.		
Wir hören jedem Anrufer genau zu.		
Wir verbinden erst, wenn der richtige Empfänger eindeutig feststeht.		
Wir informieren den Empfänger über den Anrufer und seinen Wunsch.		
Bei jedem ankommenden Gespräch – intern oder extern – sind wir höflich.		
Bei Durchwahl melden wir uns mit dem Namen und der Firmenbezeichnung.		
Wir bedanken uns für jedes Gespräch.		

Checklisten und Fragen

Fragen zum Gesprächsstil im Haus

	stimmt nicht	stimmt
Unsere Form der Anrede ist hierarchieunabhängig.		
Wir sind auch dann höflich oder freundlich, wenn wir keinen direkten Nutzen erwarten.		
Wir teilen Ärger über Form oder Inhalt einer Mitteilung unserem Gesprächspartner mit.		
Wir lassen unseren Ärger nicht an Mitarbeitern, Untergebenen oder der Familie aus.		
In jeder Diskussion in unserem Haus kommt jeder Beteiligte angemessen zu Wort.		
Wir nutzen rhetorische Überlegenheit nicht als Werkzeug zur Unterdrückung aus.		
Wir bemühen uns, unserem Gesprächspartner wirklich zuzuhören.		
Wir geben unserem Gesprächspartner Gelegenheit, seine Ansicht zu äußern.		
Wir verwenden keine Suggestivfragen zur Manipulation unseres Gesprächspartners.		
Wir informieren neue Mitarbeiter über sprachliche Gepflogenheiten im Haus.		
Wir achten auch sprachliche Eigenarten, die uns selbst fern liegen.		
Jeder Kunde könnte jedes Gespräch unbeabsichtigt mithören.		

Fragen zum öffentlichen Vortrag

	stimmt nicht	stimmt
Jeder unserer Vorträge vermittelt unseren Zuhörern nützliche Informationen.		
Wir definieren Grundlagen und Begriffe eindeutig.		
Wir begründen ungewöhnliche Darstellungen.		
Der Inhalt unserer Ausführungen entspricht immer unserer Überzeugung.		
Wir führen unsere Zuhörer in unserer Rede vom Bekannten zum Unbekannten.		
Wir gestalten unsere Sätze kurz und verständlich.		
Wir erleichtern unseren Zuhörern das Verständnis durch Beispiele aus ihrem Erfahrungsbereich.		
Wir vermeiden Behauptungen mit absoluten Aussagen.		
Wir geben unseren Zuhörern Gelegenheit, übermittelte Informationen zu verarbeiten.		
Wir bemühen uns, während unseres Vortrages mit unseren Zuhörern in Verbindung zu bleiben.		
Unsere Schlußaussage ist so formuliert, daß unsere Zuhörer sie als Vortragsende erkennen können.		

Checklisten und Fragen

Checkliste und Fragen zur visuellen Kommunikation

Checkliste zur visuellen Kommunikation

Mittel	Bedeutung	Ausführung	Erfüllungsgrad	Änderungen
Wortmarke				
Bildmarke				
Hausfarbe				
Hausschrift				
Standort				
Gebäudefassade				
Parkplatz				
Empfang				
Gänge und Aufzüge				
Büroeinrichtung				
Toiletten				
Konferenzräume				
Kantine				
Messestand				
Produktdesign				
Produktanzeige				
Imageanzeige				

Fragen zum Haus und zum Empfang

	stimmt nicht	stimmt
Unser Standort entspricht unserem Auftreten in der Öffentlichkeit.		
Wir kennen alle Personen, mit deren Besuch wir rechnen.		
Wir erleichtern unseren erwarteten Besuchern, uns zu finden.		
Wir vermeiden unerwartete Schwierigkeiten für erwartete Besucher.		
Wir haben unseren Eingang so gekennzeichnet, daß keine Mißverständnisse entstehen.		
Unser Eingang zeigt unseren Besuchern, daß sie willkommen sind.		
Unser Empfang ist jederzeit bereit und in der Lage, Besuchern zu helfen.		
Wir verkürzen unseren Besuchern Wartezeiten mit Komfort und Information.		
Wir stellen sicher, daß jeder Besucher sein Ziel ohne Umwege erreichen kann.		
Unser Empfang ist auch hilfsbereit, wenn Besucher irrtümlich eintreten.		
Unsere Besucher kommen gerne wieder zu uns.		

Checklisten und Fragen

Fragen zur Büroeinrichtung

	stimmt nicht	stimmt
Unsere Mitarbeiter sind wichtige Kommunikatoren mit unserem Markt.		
Wir wollen unseren Mitarbeitern eine angenehme Arbeitsumgebung schaffen.		
Die Ausstattung eines Arbeitsplatzes ist ein direkter Motivationsfaktor.		
Wir fragen unsere Mitarbeiter, welche Vorstellungen und Wünsche sie haben.		
Wir setzen uns nicht über die Wünsche unserer Mitarbeiter hinweg.		
Wir überlassen Fachleuten die harmonische Abstimmung der Ausstattung.		
Wir lassen uns von Sachzwängen nicht zu dauerhaften Kompromissen nötigen.		
Wir ändern Einrichtung und Belegung eines Büros nicht gegen den Willen der Mitarbeiter.		
Wir bieten unseren Mitarbeitern die Möglichkeit, sich temporär zurückzuziehen.		
Wir dokumentieren Hierarchie-Ebenen nicht mit Ausstattungsmerkmalen.		
Jeder Mitarbeiter kann mit eigenen Mitteln seinen Arbeitsplatz persönlicher gestalten.		
Wir könnten jeden Besucher an jedem Arbeitsplatz empfangen.		

Checklisten und Fragen

Fragen zur Kantine

	stimmt nicht	stimmt
Die Mittagspause ist eine wichtige Unterbrechung zur Regeneration der Mitarbeiter.		
Unsere Kantine ist auch Begegnungs- und Kommunikationsstätte.		
Auch die Einnahme einer Kantinenmahlzeit gehört zur Eßkultur.		
Unsere Kantinengestaltung ist nicht ausschließlich an Rationalität ausgerichtet.		
Die Einrichtung berücksichtigt unterschiedliche Sitz- und Eßgewohnheiten.		
Die Anordnung bietet neben Kommunikation auch Gelegenheit zu Abstand.		
Unser Mobiliar läßt keine Verwechselung mit einem Fast-Food-Restaurant zu.		
Wir nutzen die Wirkung von Grünpflanzen, Teppichen und Beleuchtungskörpern.		
Wir setzen unsere Nichtraucher nicht unnötigen Belästigungen durch Raucher aus.		
Wir handeln ökologisch und ökonomisch bei der Wahl von Geschirr und Besteck.		
Unsere Kantine steht unseren Mitarbeitern auch außerhalb der Pausen zur Verfügung.		
Alle Gäste unserer Kantine kommen gerne wieder.		

Checklisten und Fragen

Fragen zum Messestand

	stimmt nicht	stimmt
Wir nehmen aus Überzeugung an der Messe teil.		
Unser Messestand ist auf Kommunikation mit unseren Marktteilnehmern ausgelegt.		
Unser Unternehmen ist von jedem Messebesucher auf Anhieb erkennbar.		
Unser Standaufbau zeigt, daß uns Besucher willkommen sind.		
Informationssuchende finden ohne Schwierigkeiten einen Anlaufpunkt.		
Gästen auf dem Stand können wir immer einen Sitzplatz anbieten.		
Wir machen keinen Unterschied zwischen wichtigen und unwichtigen Besuchern.		
Vereinbarte Besuchstermine halten wir grundsätzlich ein.		
Wir halten jedes auf der Messe gegebene Versprechen.		
Wir geben unserem Standpersonal Gelegenheit, sich temporär zurückzuziehen.		
Wir honorieren das Engagement unserer Standbesatzung angemessen.		
Wir freuen uns alle schon auf die nächste Messe.		

Checklisten und Fragen

Checkliste und Fragen zu Verfahren

Checkliste zu Verhaltensweisen und Verfahren

Mittel	Bedeutung	Ausführung	Erfüllungsgrad	Änderungen
Stellenausschreibung				
Eingliederung neuer Mitarbeiter				
Arbeitszeitregelung				
Urlaubsregelung				
Krankheitsregelung				
Beurteilungssystem				
Bonusregelung				
Beteiligungsmodell				
Versorgungsmodell				
Personalentwicklungssystem				
Marktpartner-Vertrag				
Partner-Ausbildung				
Partner-Förderung				
Kunden-Betreuung				
Betriebsfeier				
Betriebsausflug				
Beendigung von Dienstverhältnissen				
Kündigung von Lieferanten				
Wechsel von Dienstleistern				
Personalabbau				
Unternehmensverkauf				
Werksschließung				

Checklisten und Fragen

Fragen zum Arbeitsvertrag

	stimmt nicht	stimmt
Unsere Dienstverträge sind Vorschläge zur Regelung der Zusammenarbeit.		
Der Vertragstext ist zwischen Rechtsabteilung, Personalwesen und Führung abgestimmt.		
Wir lehnen Änderungen, Erweiterungen und Streichungen nicht grundsätzlich ab.		
Die verwendete Terminologie entspricht unserem Verständnis von Mitarbeitern.		
Unsere Dienstverträge regeln Rechte und Pflichten beider Vertragsparteien.		
Die zukünftigen Aufgaben des Mitarbeiters sind zweifelsfrei beschrieben.		
Unsere Pflichten sind im Dienstvertrag auch als solche bezeichnet.		
Wir beanspruchen nur Rechte, die wir auch unseren Mitarbeitern zubilligen.		
Unsere Dienstverträge enthalten auch den Anspruch unserer Mitarbeiter auf Fortentwicklung.		
Unsere Dienstverträge können wir auch der Öffentlichkeit vorstellen.		

Fragen zur Eingliederung neuer Mitarbeiter

	stimmt nicht	stimmt
Die Stellenausschreibung ist realistisch.		
Der Bewerber wird über das soziale Umfeld informiert.		
Der Chef hält die Verbindung mit dem Neuen aufrecht.		
Der Chef hat die Einrichtung des Arbeitsplatzes veranlaßt.		
Alle Beteiligten kennen den Starttermin des Neuen.		
Der Neue wird an seinem ersten Arbeitstag erwartet.		
Der Neue wird über ungeschriebene Gesetze informiert.		
Der Chef hat die fachliche Einführung vorbereitet.		
Der Neue hat einen persönlichen Ansprechpartner.		
Der Chef stimmt regelmäßig Wissensstand und Ziele des Neuen ab.		
Der Neue hat jemanden, mit dem er über seinen Chef sprechen kann.		
Chef und Neuer verabschieden einen Entwicklungsplan.		

Checklisten und Fragen

Fragen zur Betriebsfeier

	stimmt nicht	stimmt
Eine Feier entspricht unserem Betriebsklima.		
Wir haben ein Ziel für die Betriebsfeier.		
Das Ziel entspricht unserer Kommunikationsstrategie.		
Unsere Mitarbeiter wollen diese Feier.		
Unsere Ziele entsprechen den Wünschen unserer Mitarbeiter.		
Unsere Mitarbeiter wollen bei der Vorbereitung helfen.		
Der Kreis der Helfer verändert sich regelmäßig.		
Die Ausrichter akzeptieren die Ziele der Feier.		
Geschäftsleitung und Ausrichter vertrauen einander.		
Die Geschäftsleitung vermeidet Risiken für die Teilnehmer.		
Die Zielerfüllung durch die Feier wird überprüft.		

Fragen zum Beurteilungssystem

	stimmt nicht	stimmt
Wir setzen unseren Mitarbeitern klare Ziele.		
Wir vereinbaren mit ihnen Regeln zur Beurteilung der Zielerfüllung.		
Für Qualitätsbeurteilungen ziehen wir auch die Meinung von Kollegen heran.		
Wir lassen das Kommunikationsverhalten eines Mitarbeiters von seinen Kollegen bewerten.		
Wir berücksichtigen bei der Urteilsbildung die persönliche Situation des Mitarbeiters.		
Wir setzen Beurteilungen auch zur gezielten Mitarbeiterförderung ein.		
Unser Urteil über die Zielerfüllung ist für unsere Mitarbeiter transparent.		
Wir nehmen die Beurteilung zum Anlaß, mit dem Mitarbeiter über seine Erwartungen zu sprechen.		
Wir lassen keinen Zweifel an Sinn und Verwendung der Beurteilungsergebnisse.		
Wir stellen uns auch der Beurteilung durch unsere Mitarbeiter.		

Checklisten und Fragen

Fragen zur Aus- und Weiterbildung

	stimmt nicht	**stimmt**
Mitarbeiterentwicklung sehen wir als unternehmerische Aufgabe an.		
Wir halten unsere Mitarbeiter für lernfähig und lernwillig.		
Wir sichern und erweitern den Wissensstand unserer Mitarbeiter durch Fortbildung.		
Unser Fortbildungskonzept ist nicht ausschließlich profitorientiert.		
Wir berücksichtigen persönliche Stärken, Schwächen und Interessen.		
Wir ergänzen fehlende Kapazität im Haus um externe Ausbildungsangebote.		
Unseren Mitarbeitern erwachsen keine Nachteile aus Fortbildungsmaßnahmen.		
Wir setzen erfolgreiche Fortbildung in Perspektiven zur Entwicklung um.		
Wir fördern auch private Fortbildungsmaßnahmen unserer Mitarbeiter.		
Unser Schulungsangebot könnten wir auch Externen zugänglich machen.		

Checklisten und Fragen

Fragen zum Partnervertrag

	stimmt nicht	stimmt
Wir legen alle Anforderungen vor Verhandlungsbeginn schriftlich fest.		
Wir informieren unseren Vertragspartner vollständig über unsere Erwartungen.		
Wir lassen keinen Zweifel an Ziel, Umfang und Dauer einer Vereinbarung.		
Wir sprechen offen über vorhandene oder potentielle Wettbewerber.		
Wir nutzen unsere momentane Stärke nicht zu Lasten unseres Partners aus.		
Wir handeln nicht im Widerspruch zu Wortlaut und Geist eines Partnervertrages.		
Wir sprechen Beanstandungen und Mängel offen aus.		
Wir arbeiten mit unseren Marktpartnern an der Verbesserung unserer Marktposition.		
Wir lassen unsere Marktpartner an unserem gemeinsamen Erfolg teilhaben.		
Wir unterstützen unsere Marktpartner bei unerwarteten Schwierigkeiten.		
Wir informieren unsere Marktpartner frühzeitig über geplante Veränderungen.		
Wir bleiben auch ehemaligen Marktpartnern freundschaftlich verbunden.		

Literaturhinweise

Achterholt, G.: Corporate Identity,
Wiesbaden 1988

Ady, R.W., Hohenstein, G.: Die 100 Gesetze erfolgreicher
Unternehmensführung,
3. Auflage, München 1989

Auwärter, M., Kirsch, E.,
Schröter, K.: Seminar Kommunikation, Interaktion,
Identität,
Frankfurt 1976

Bennis, W., Nanus, B.: Führungskräfte,
3. Auflage, Frankfurt 1987

Detlefsen, Th.: Das vertikale Weltbild

Domizlaff, H.: Die Gewinnung des
öffentlichen Vertrauens,
Hamburg 1982

Frey, S.: Die nonverbale Kommunikation,
Stuttgart 1984

Fromm, E.: Haben und Sein,
München 1989

Fromm, E.: Die Kunst des Liebens,
Frankfurt, Berlin 1980

Kerner, G., Duroy, R.: Bildsprache 1,
5. Auflage, München 1982

Kirchner, B.: Sprechen vor Gruppen,
Stuttgart 1980

Landgrebe, K.P.:	Imagewerbung und Firmenstil, Hamburg 1980
Mann, R.:	Das ganzheitliche Unternehmen, Bern, München, Wien 1988
Mann, R.:	Das visionäre Unternehmen, Wiesbaden 1990
Meggle, G.:	Grundbegriffe der Kommunikation, Berlin, New York 1981
Moosleitner, P.:	Perspektive Kommunikation, München 1989
Riedel, I.:	Formen, 2. Auflage, Stuttgart 1986
Schmidt, J.:	Vorbilder – Leitbilder, Bayreuth 1989
Steinbuch, K.:	Die informierte Gesellschaft
Vester, F.:	Denken, Lernen, Vergessen, München 1978
Watzlawick, P.:	Menschliche Kommunikation, 7. Auflage, Stuttgart, Wien 1985

Stichwortverzeichnis

Absatzkommunikation 15
Absatzmittler, Vertragsgestaltung 113
Aktionsplan 50
Aktionsplanung 120
Akzeptanz 52, 121
Akzeptanz, Kommunikationsstrategie 52
Analogien 25
Analogien, vertikale 25
Angebote 71
Angebote, Fragenkatalog 138
Anonyme Befragungen 116
Anrede 90
Anstellungsvertrag 98
Arbeitsplatzbeleuchtung 81
Arbeitsplatzgestaltung 79
Arbeitsumgebung 79
Arbeitsvertrag, Fragenkatalog 150
Arbeitsverträge 98
Arbeitsverträge, Rechtssicherheit 99
Arbeitsverträge, Streitfall 99
Arbeitsverträge, Vertragsbedingungen 98
Arbeitszeit, flexible 107
Arbeitszeitregelungen 104
Assoziationen 24
Assoziativketten 28
Ausbildung 111
Ausbildung, Fragenkatalog 154
Ausrichtungsprozeß 37

Bedarfsbefriedigung 68
Bedienungsanleitung 69
Befragungen, anonyme 116
Beispiele, Rede 94
Belegexemplare 74
Besitzstandswahrung 42

Bestandsaufnahme 49
Bestandsaufnahme, Kommunikationsverhalten 116
Besucherempfang 77
Besucherparkplätze 78
Beteiligungsmodelle 109
Betriebsfeiern 102
Betriebsfeiern, Fragenkatalog 152
Betriebston 90
Betriebsveranstaltungen 102
Beurteilungssystem, Fragenkatalog 153
Beurteilungssysteme 106
Bildungsurlaub 111
Bonus 109
Briefe 64
Briefe, Fragenkatalog 135
Broschüren 66
Broschüren, Checkliste 133
Broschüren, Fragenkatalog 136
Büroarbeitsplatz 79
Büroeinrichtung 79
Büroeinrichtung, Fragenkatalog 146
Büroetage 79
Büroräume 80

Checklisten 123
Checkliste Broschüren 133
Checkliste Dokumente 132
Checkliste Formulare 131
Checkliste Prospekte 133
Checkliste Sprachkommunikation 140
Checkliste Textanzeigen 133
Checkliste Visuelle Kommunikation 144
CI-Berater 77
Corporate Identity 76

Dialog 92
Dienstvertrag 98
Dokumentationen, Fragenkatalog 137
Dokumentationen, technische 69
Dokumente, Checkliste 132
Durchwahl, Telefon 89

Eigenschaften, Fragenkatalog 127
Eingliederung neuer Mitarbeiter 100
Empfangsraum 78
Entscheidungstabellen 117
Entscheidungsverhalten 72
Erfahrungen, widersprüchliche 14
Erfolgsbeteiligung 109
Ersatzziele 42
Erscheinungsbild, optisches 76

Fachhandelspolitik 114
Farbe 76
Farbenlehre 76
Fehlinformation, gezielte 30
Firmengebäude 78
Flexible Arbeitszeit 107
Form 76
Formelle Kommunikation 17
Formelle Unternehmensinformation 59
Formulare 62
Formulare, Checkliste 131
Formulare, Fragenkatalog 134
Fortbildungskurse 111
Fortbildung 112
Freie Rede 94
Führungsaufgaben 22
Führungsverhalten 108
Funktionsbeschreibung 69

Ganzheitliche Marktkommunikation 21

Ganzheitliches Weltbild 76
Gefüge, soziales 100
Geschäftsbrief 64
Geschäftskorrespondenz 64
Gesprächsstil, Fragenkatalog 142
Gesprächston 90
Gewinnbeteiligung 109 f.
Gezielte Fehlinformation 30
Gleitzeit 106
Goldener Schnitt 60
Großraumbüro 80
Grundmotive 68
Grundnutzen 42
Grundverhaltensweisen 43

Handhabung, Vertragsbestimmungen 97
Hilfsmittel, Kommunikation 115

Identität 20
Identitätspflege 53
Implementierung, Kommunikationsstrategie 52
Informationsformen 19
Informationsgehalt 47
Informationskanäle 18
Informationsverarbeitung, menschliche 23
Informelle Kommunikation 17
Irreführung 31
Istzustand 49

Kantine 81
Kantine, Fragenkatalog 147
Kantineneinrichtung 81
Käufermarkt 61
Kommunikation, formelle 17
Kommunikation, Hilfsmittel 115
Kommunikation, informelle 17
Kommunikation, nonverbale 87

Kommunikation, schriftliche 59
Kommunikation, sprachliche 86
Kommunikation, verbale 86
Kommunikation, visuelle 76
Kommunikation, Werkzeuge 115
Kommunikation, zielorientierte 37
Kommunikationsinhalte 47
Kommunikationsmanagement 37
Kommunikationsmittel, Prioritäten 117
Kommunikationsmittel, Prioritätsbildung 117
Kommunikationsstrategie 40, 44
Kommunikationsstrategie, Akzeptanz 52
Kommunikationsstrategie, Fragenkatalog 129
Kommunikationsstrategie, Implementierung 52
Kommunikationsstrategie, Prioritäten 51
Kommunikationsverfahren, Sollkonzeption 39
Kommunikationsverhalten, Bestandsaufnahme 116
Kommunikationsziele 44
Kompetenzstreit 39
Konflikte 29
Körperhaltung 87
Körpersprache 87
Kreative Verbindungen 28
Kurzbrief 65

Layout 59
Leistungsbewertung 107
Leitbild 41
Leitbild, Fragenkatalog 125
Lernfähigkeit 111
Lernphase 111
Lieferanten, Vertragsgestaltung 113

Markt-Leistungs-Strategie 44
Marktkommunikation 15, 57
Marktkommunikation, ganzheitliche 21
Marktpartner, Verträge 113
Meinungsbildner 121
Menschliche Informationsverarbeitung 23
Merkmale, Fragenkatalog 127
Messen 83
Messen, Standpersonal 84
Messestand 83
Messestand, Fragenkatalog 148
Mitarbeiterbeteiligung 109
Mitarbeiterbeurteilung 106
Mitarbeiterbeurteilung, Fragenkatalog 153

Neue Mitarbeiter, Eingliederung 100
Neue Mitarbeiter, Fragen zur Eingliederung 151
Nonverbale Kommunikation 87

Öffentlicher Vortrag, Fragenkatalog 143
Öffentliches Verhalten 98
Öffentlichkeitsarbeit 73
Optisches Erscheinungsbild 76
Optische Mitte 60
Organisatorische Vorbereitungen 116

Parkplätze, Besucher 78
Personalentwicklung 108
Personalentwicklungssystem 102, 112
Personalführung 112
Persönlichkeit 57
Presseinformationen 73
Presseinformationen, Fragenkatalog 139

Prioritäten, Kommunikationsstrategie 51
Prioritätsbildung, Kommunikationsmittel 117
Produktivität 57, 81
Projektteam 121
Prospekte 66
Prospekte, Checkliste 133
Prospekte, Fragenkatalog 136
Public Relations 73

Rechtssicherheit, Arbeitsverträge 99
Rede 93
Rede, Beispiele 94
Rede, freie 94

Schriftarten 60
Schriftform 59
Schriftgrade 60
Schriftgut 59
Schriftgut, Checklisten und Fragen 131
Schriftliche Kommunikation 59
Schriftstück 59
Schrifttypen 60
Schriftvariationen 60
Schulungsangebot 111
Schulung 112
Seitenlayout 59
Seitenraster 60
Sollkonzeption, Kommunikationsverfahren 39
Soziales Gefüge 100
Sprachkommunikation, Checkliste und Fragen 140
Sprachliche Kommunikation 86
Standort 78
Standpersonal, Messen 84
Stellenausschreibung 100
Streitfall, Arbeitsverträge 99

Technische Dokumentationen 69
Technische Dokumentationen, Fragenkatalog 137
Telefon, Durchwahl 89
Telefon, Fragenkatalog 141
Telefonkontakt 88
Telefonreihenanlage 88
Telefonzentrale 88
Textanzeigen, Checkliste 133

Umgangston 91
Unternehmensinformation, formelle 59
Unternehmenskommunikation 15, 125
Unternehmenskommunikation, Fragenkatalog 125
Unternehmensstrategie, Fragenkatalog 128
Unternehmensziele, Fragenkatalog 126
Urteilsfindung 33

Verbale Kommunikation 86
Verbindungen, kreative 28
Verfahren 96
Verhalten, öffentliches 98
Verhaltensweisen 96
Verkäufermarkt 61
Vertikale Analogien 25
Verträge, Arbeitnehmer 98
Verträge, Marktpartner 113
Vertragsbedingungen, Arbeitsverträge 98
Vertragsbestimmungen, Handhabung 97
Vertragsgestaltung, Absatzmittler 113
Vertragsgestaltung, Fragenkatalog 155

Vertragsgestaltung, Lieferanten 113
Vertragsgestaltung, Wiederverkäufer 113
Vertriebskommunikation 15
Visuelle Kommunikation 76
Visuelle Kommunikation, Checkliste und Fragen 144
Vorbereitungen, organisatorische 116
Vordrucke 62
Vordrucke, Fragenkatalog 134
Vortrag 93
Vortrag, Fragenkatalog 143
Vortragsgestaltung, Fragenkatalog 155
Vorurteile 27

Wartungshandbuch 69
Weiterbildung 111
Weiterbildung, Fragenkatalog 154
Weltbild, ganzheitliches 76
Werbebrief 64
Werkzeuge, Kommunikation 115
Wertschöpfung 109
Widersprüchliche Erfahrungen 14
Wiederverkäufer, Vertragsgestaltung 113
Wochenarbeitszeit 105
Workshop 123

Zielorientierte Kommunikation 37
Zuhören 91
Zuwendung 72

Praxis-Ratgeber für Ihren beruflichen Erfolg

ISBN: 3-8092-0482-X
DM 29,80   Best.-Nr. 01.46

ISBN: 3-8092-0709-8
DM 29,80   Best.-Nr. 01.41

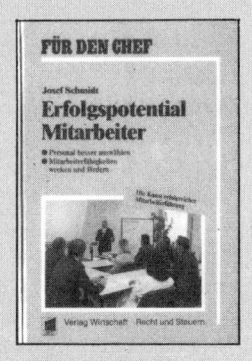

ISBN: 3-8092-0724-1
DM 38,00   Best.-Nr. 01.48

ISBN: 3-8092-0610-5
DM 38,00   Best.-Nr. 01.49

ISBN: 3-8092-0689-X
DM 48,00   Best.-Nr. 01.52

ISBN: 3-8092-0626-1
DM 38,00   Best.-Nr. 00.16

WRS Verlag Wirtschaft, Recht & Steuern